W0304839

„Dass wir für so viele Menschen in unserem Bekanntenkreis ein Vorbild sein konnten, macht mich ein kleines bisschen stolz."

WW Teilnehmer Thomas ist Fan dieses Kochbuchs. Welche Rezepte ihm besonders gut gefallen und mehr zu seiner erfolgreichen Abnehmreise erfährst du auf Seite 7.

Rote Selleriesuppe, S. 72

Spargelflammkuchen, S. 104

Kürbisgnocchi in Salbeibutter mit Spinat, S. 20

Inhalt

Rezeptinfos

8 7 3

SmartPoints Wert pro Person / Stück

vegetarisch
vegan
glutenfrei
laktosefrei
nussfrei

Die Kennzeichnung wie zum Beispiel „gluten-", „laktose-" oder „nussfrei" bei den Rezepten ist rein informativ und nicht verbindlich. Es liegt in der persönlichen Verantwortung zu prüfen, ob die verwendeten Lebensmittel die Anforderungen erfüllen.

QR-Code scannen und Kochvideos entdecken. Oder besuche uns auf ww-gesundekueche.de

NEU!

meinWW+

Dürfen wir vorstellen: *meinWW+*! Mit diesem einzigartigen Programm findest du den richtigen Weg für dich. Wenn es ums Abnehmen geht, hat jeder seine eigenen Vorstellungen und Bedürfnisse. Was für den einen gut funktioniert, ist für jemand anderen vielleicht weniger geeignet. Deshalb bieten wir dir mehr als eine Möglichkeit, mit WW abzunehmen, um dich wohlzufühlen.

In der Theorie ist Abnehmen ganz einfach. Man muss nur weniger essen und sich mehr bewegen, oder? In der Praxis sieht es oft etwas anders aus. Um abzunehmen, solltest du verschiedene Aspekte deines Lebens betrachten, zum Beispiel wie gut du schläfst, wie häufig du dich bewegst und welches Bild du von dir selbst hast. Denn all das beeinflusst deine Entscheidungen – auch beim Essen. Unser *meinWW+* Programm berücksichtigt deinen Lebensstil und deine Ziele und bietet dir die Möglichkeit, es so zu leben, wie es zu dir und deinem Alltag passt. Basis dafür ist unser preisgekröntes Abnahmesystem. Du wirst sehen, mit einem Plan wird alles leichter – auch das Abnehmen.

Ein Programm, drei Wege es zu leben. Mit *meinWW+* erhältst du einen Ernährungsplan, der zu dir und deinem Leben passt, bei dem du alle Lebensmittel essen kannst, die du am liebsten magst. Außerdem bekommst du eine Liste mit über 100+, 200+ oder 300+ ZeroPoint® Lebensmitteln, die du weder abwiegen noch messen oder aufschreiben musst.

Grüner Plan | Blauer Plan | Lila Plan

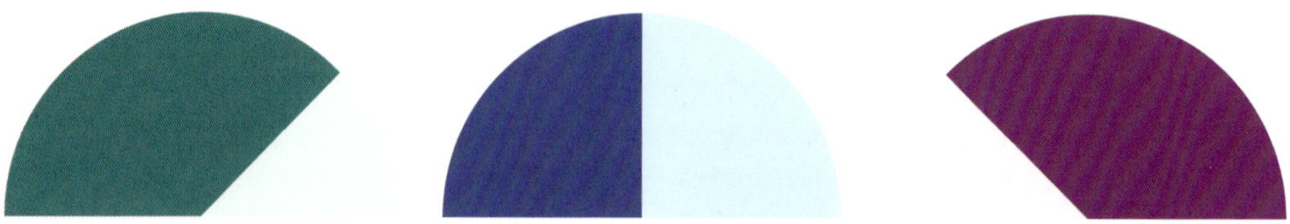

Grüner Plan: Mehr tägliche SmartPoints® – Weniger ZeroPoint® Lebensmittel

Blauer Plan: Mittlere Anzahl an täglichen SmartPoints® – Mittlere Anzahl an ZeroPoint® Lebensmitteln

Lila Plan: Weniger tägliche SmartPoints® – Mehr ZeroPoint® Lebensmittel

SmartPoints®

Die Basis bildet unser SmartPoints® System, das komplexe Ernährungsinformationen zu einer einfachen Zahl zusammenfasst: dem SmartPoints® Wert. Dein SmartPoints® Budget wird individuell für dich berechnet. Es besteht aus täglichen und wöchentlichen SmartPoints® und basiert auf Alter, Gewicht, Größe und Geschlecht. Wenn du dich an dein SmartPoints® Budget hältst, nimmst du ab, und zwar bis zu 1 Kilo pro Woche.

ZeroPoint® Foods

ZeroPoint® Lebensmittel haben 0 SmartPoints®. Warum? Weil diese Lebensmittel die Grundlage für eine gesunde Ernährung bilden und wir dich darin bestärken möchten, hier öfter zuzugreifen. 0 Punkte Lebensmittel musst du weder wiegen, noch abmessen, zählen oder aufschreiben – und du nimmst dabei trotzdem ab.

Seit Einführung der ZeroPoint® Lebensmittel sind unsere Teilnehmer sogar noch erfolgreicher*. Lass dich überraschen, wie vielfältig und abwechlungsreich Kochen mit den 0 Punkte Lebensmitteln sein kann. Genieß es und gönne dir mehr Flexibilität und Freiheit im Alltag!

WW Healthy Kitchen®

Die WW Kochbücher sind für alle geeignet – egal, ob du WW Teilnehmer bist oder dich einfach ausgewogen ernähren und einen gesunden Lifestyle etablieren möchtest. Genau hierbei helfen dir unsere leckeren Rezepte, die ganz leicht nachzukochen sind. Zusätzlich ist jedes Rezept sowohl mit einem SmartPoints® Wert als auch der Kalorienangabe versehen, um dich auf dem Weg zur Gewichtsabnahme optimal zu unterstützen.

Mehr Informationen rund um das Programm findest du auf ww.com.

* Pre-Post-Studie an der Universität North Carolina finanziert von WW. Gewichtsdaten von Testteilnehmern nach 6 Monaten WW Freestyle.

Ich wollte zurück zu meiner alten Stärke.

Thomas
-29 kg
WW Teilnehmer

Wer einmal den Fisherman's Friend StrongmanRun absolviert hat, weiß, was das für ein Kick ist. Er weiß aber auch, dass man seinen Körper da richtig fordert. Ich habe ihn allerdings überfordert – und das nicht nur mit dem Run selbst oder dem Training.

Ich habe jahrelang Vollgas gegeben, ohne Rücksicht auf Bänder oder Gelenke. Nach einiger Zeit stellten sich die ersten Ermüdungserscheinungen ein: Erst schmerzte das Knie, dann verursachte die Schulter Probleme. Ich konnte kaum noch Sport machen, aß allerdings genauso weiter wie vorher und nahm so zu. Bei WW habe ich mich angemeldet, um gesünder zu leben. Meine Frau Nicole ist mit dabei: Mir gefiel die Idee, dass wir mit dem gemeinsamen Besuch im Studio auch etwas für uns als Paar tun können. Unsere gesamte Lebensqualität ist heute spürbar besser. Sogar mein sportlicher Ehrgeiz ist wieder erwacht.

Der Kerl in der Küche

Weil ich früher von der Arbeit nach Hause komme als meine Frau, bin ich bei uns fürs Kochen zuständig. Ich koche gerne und gut, allerdings war

ich nie der Typ, der öfter mal was Neues ausprobiert hat. Ich war eher ein Vertreter der typischen „Männerküche": mit viel Fleisch und wenig Gemüse. Inzwischen koche ich nach WW Rezepten mit viel Gemüse und oft vegetarisch. Mir geht es damit körperlich viel besser. Die Portionen sind gut gewählt: Man(n) ist satt, aber nicht vollgestopft. Die neue Ernährungsweise hat sich ausgezahlt: In rund einem dreiviertel Jahr habe ich 29 Kilo* abgenommen.

Das Murmeltier lässt grüßen

Mein Wecker schellt morgens um 4 Uhr. Die Zeiten, in denen ich mich unausgeschlafen aus dem Bett gequält habe, sind vorbei. Schon in der Frühe bin ich fit und ich schlafe viel ruhiger.

Völlig von der Rolle

Vor zwei Jahren habe ich mich für einen Nebenjob als Statist bei einer Filmproduktionsfirma beworben. Jetzt sind mir die ersten Rollen angeboten worden. Das ist sehr überwältigend für mich. Allerdings muss ich mich fast zerteilen, um beiden Jobs gerecht zu werden. Ich bin froh, dass ich mit WW auch gelernt habe, besser mit Stress – oder anders gesagt: besser mit meiner Zeit – umzugehen. So schaffe ich es, selbst in dieser für mich ungewohnten Situation die Balance zwischen Privatleben, Beruf und Hobby zu halten und gleichzeitig auf meine Ernährung zu achten.

> *Meine Frau und ich haben einige Menschen inspiriert, auch gesünder zu leben. Ein befreundetes Paar hat sich ebenfalls für WW entschieden. Sie haben uns davon nichts gesagt, um uns zu überraschen. Nach vier Wochen hat man den Erfolg aber gespürt und gesehen – so sind die beiden „aufgeflogen". Dass wir für so viele Menschen in unserem Bekanntenkreis ein Vorbild sein konnten, macht mich ein kleines bisschen stolz.*

Meine absoluten Lieblingsrezepte sind:

- **Kartoffel-Curry-Suppe mit Rosenkohl** (S. 68)
- **Ratatouille-Gemüse-Quiche** (S. 76)
- **Gebackener Schafskäse auf Salat** (S. 83)

QR Code scannen und weitere motivierende Erfolgsgeschichten der WW Teilnehmer entdecken.

*Thomas hat mit dem Vorgängerprogramm abgenommen und hält sein Gewicht mit *meinWW®+*.

Richtig deftig?
Hier sind unsere Tipps

Mit diesem Buch liefern wir dir eine bunte Vielfalt an vegetarischen Rezepten, die deftig schmecken und dich richtig satt machen. Was unsere Gerichte ausmacht und wie du es auch für deine eigenen Kreationen umsetzen kannst, zeigen dir die Tipps auf dieser Seite.

Schön würzig

Verschiedene Zutaten wie Knoblauch, Zwiebeln, Tomaten, Pilze und Käse sorgen in Gerichten für ein bestimmtes Geschmackserlebnis: Umami. Ein Geschmack, den wir als würzig-fleischig wahrnehmen, wie in unserer Pasta mit Pak-Choi-Pilz-Rahmsauce (Seite 44). Kombiniert mit leckeren Marinaden und Gewürzen sorgst du zusätzlich bei Gemüse oder auch Tofu für richtige Geschmacksexplosionen. Probiere unseren würzigen Cajun-Tofu von Seite 31.

Gut geröstet

Damit Gemüse, Hülsenfrüchte, Nüsse, Samen oder auch Gewürze ihr volles Aroma entfalten, solltest du sie gut anbraten oder im Ofen rösten. Die herrlichen Röstaromen geben dem Gericht die richtige Tiefe, wie bei unserem Gemüse-Tikka-Masala auf Seite 47.

Toll abgerundet

Leckere Saucen verbinden die einzelnen Komponenten miteinander und sorgen für ein vollmundiges Geschmackserlebnis. Wandel deine Saucen öfter mal mit anderen Kräutern ab, so sorgst du ganz einfach für tolle Abwechslung. Probiere es mit unserem Rezept Spaghetti mit cremiger Kräutersauce (Seite 71).

Fleisch ersetzt

Wer als Flexitarier hier und da mal auf Fleisch verzichten möchte, hat oftmals das Gefühl, dass dem Gericht eine Komponente fehlt. Hier müssen nicht zwangsläufig Fleischersatzprodukte her. Burgerpatties lassen sich z.B. wunderbar durch leckere Bratlinge (Seite 40) ersetzen. Und hast du schon mal ein Blumenkohlsteak probiert? Eine coole Rezeptidee dazu findest du auf Seite 23.

Richtig satt

Gemüse, Kartoffeln, Vollkornprodukte und Hülsenfrüchte sorgen aufgrund von wertvollen Kohlenhydraten, Ballaststoffen (und im Fall der Hülsenfrüchte auch einem hohen Eiweißgehalt) dafür, dass du angenehm und lange satt bleibst. Wie wär's mit unserer Gemüse-Linsen-Lasagne (Seite 80), der Kartoffel-Gemüse-Pfanne (Seite 28) oder mit unserer Frühlingspasta (Seite 55)?

Aus der Pfanne

Cheeseburger mit Quinoapatty

Für 4 Personen **Zubereitungszeit 20 Min.** **Garzeit 30 Min.** **Kühlzeit 10 Min.**

12 11 8

416 kcal | 1742 kJ

120 g	**trockene helle Quinoa**
	Salz, Pfeffer
1	**Karotte**
1	**Knoblauchzehe**
1	**Ei (Größe M)**
2 EL	**Paniermehl**
2 EL	**gehackte Petersilie**
1 EL	**Schnittlauchringe**
1	**kleine rote Zwiebel**
1	**große Tomate**
4 Blätter	**Römersalat**
4 Scheiben	**Edamer (à 30 g), 30 % Fett i. Tr.**
2 TL	**Rapsöl**
4	**kleine Hamburger-Brötchen**
4 TL	**Salatcreme, bis 10 % Fett**
2 TL	**Senf**
4 TL	**kalorienreduzierter Ketchup**

1 Quinoa nach Packungsanweisung in Salzwasser garen und ca. 10 Minuten abkühlen lassen. Karotte schälen und fein raspeln. Knoblauch pressen und mit Quinoa, Karotte, Ei, Paniermehl, Petersilie, Schnittlauch, Salz und Pfeffer verrühren. Aus der Masse 4 Patties formen.

2 Zwiebel schälen und in feine Ringe schneiden. Tomate waschen und in Scheiben schneiden. Salat waschen, trocken schütteln und in Streifen schneiden. Käse halbieren. Öl in einer Pfanne auf mittlerer bis hoher Stufe erhitzen und Patties darin 3–5 Minuten von jeder Seite braten.

3 Brötchen aufschneiden, rösten, untere Hälften mit Salatcreme und obere Hälften mit Senf und Ketchup bestreichen. Untere Brötchenhälften mit Salat, Tomaten, Quinoapatties, Käse und Zwiebeln belegen und mit oberen Brötchenhälften abdecken. Cheeseburger servieren.

Thomas' Tipp:

Wir lieben Hamburger und sind immer offen für neue Kreationen. Die Burgerbrötchen haben wir selbst gemacht und direkt ein paar eingefroren, denn der nächste Burger kommt bestimmt.

Ausgetauscht

Du möchtest ein anderes Patty ausprobieren? Auf Seite 40 findest du 4 Rezepte für vegetarische Bratlinge.

Mexikanische Eierpfanne

Für 2 Personen   Zubereitungszeit 15 Min.   Garzeit 15 Min.

11 2 2

401 kcal | 1680 kJ

1	**Zwiebel**
1/2	**Zucchini**
1	**kleine grüne Paprika**
1	**Jalapeño oder Peperoni**
130 g	**schwarze Bohnen (Konserve)**
1 Dose	**Mais (140 g Abtropfgewicht)**
1 TL	**Olivenöl**
1 TL	**Kreuzkümmel**
3 EL	**Salsa verde (Fertigprodukt)**
	Salz, Pfeffer
4	**Eier (Größe M)**
2 EL	**gehackter Koriander**

1 Zwiebel schälen und fein würfeln. Zucchini waschen und würfeln. Paprika mit Jalapeño waschen, entkernen und würfeln. Bohnen abspülen und mit Mais abtropfen lassen.

2 Öl in einer großen Pfanne auf mittlerer Stufe erhitzen und Zwiebeln mit Zucchini, Paprika und Jalapeño darin ca. 5 Minuten anbraten. Bohnen, Mais und Kreuzkümmel unterrühren und ca. 2 Minuten mitbraten. 1 EL Salsa verde unterrühren und mit Salz und Pfeffer würzen.

3 4 Mulden in das Gemüse drücken und je 1 Ei in die Mulden schlagen. Eierpfanne 5–7 Minuten stocken lassen, mit Koriander bestreuen und mit restlicher Salsa verde servieren.

Pita mit Hummus und Halloumi

Für 4 Personen Zubereitungszeit 15 Min. Garzeit 5 Min.

12 9 9

400 kcal | 1672 kJ

- 1 Dose **Kichererbsen (265 g Abtropfgewicht)**
- 1 EL **Zitronensaft**
- 1 TL **Tahin (Sesampaste)**
- 2 TL **Olivenöl**
- 1 EL **kaltes Wasser**
- **Salz, Pfeffer**
- 1/2 TL **Kreuzkümmel**
- 1 Msp. **geräuchertes Paprikapulver**
- 120 g **Eisbergsalat**
- 1 **rote Zwiebel**
- 1 **Tomate**
- 1 **Salatgurke**
- 130 g **Halloumi**
- 4 **Pitabrote**
- 2 EL **gehackte Minze**

1 Für den Hummus Kichererbsen abspülen, abtropfen lassen und mit Zitronensaft, Tahin, Öl, Wasser, Salz, Pfeffer, Kreuzkümmel und Paprikapulver pürieren.

2 Salat waschen, trocken schleudern und in feine Streifen schneiden. Zwiebel schälen und in feine Streifen schneiden. Tomate waschen und würfeln. Gurke waschen, die Hälfte fein würfeln und restliche Gurke in Stifte schneiden. Halloumi in 8 Scheiben schneiden.

3 Eine Pfanne auf mittlerer bis hoher Stufe erhitzen und Halloumi darin 1–2 Minuten von jeder Seite braten. Pitabrote rösten, aufschneiden, mit etwas Hummus bestreichen und mit Salat, Zwiebeln, Tomaten, Gurkenwürfeln und Halloumi füllen. Pita mit Minze bestreuen und mit restlichem Hummus und Gurkenstiften servieren.

Blumenkohl-Kichererbsen-Curry

Für 4 Personen **Zubereitungszeit 15 Min.** **Garzeit 20 Min.**

3 0 0

157 kcal | 657 kJ

1	**Zwiebel**
1 Stück	**Ingwer (ca. 2 cm)**
1	**rote Paprika**
1	**kleine Aubergine**
1/2	**Blumenkohl**
1 Dose	**Kichererbsen (265 g Abtropfgewicht)**
1 TL	**Rapsöl**
2	**Knoblauchzehen**
1 TL	**Curry**
1/2 TL	**Kreuzkümmel**
1/2 TL	**gemahlener Koriander**
150 ml	**vegane Gemüsebrühe (1/2 TL Instantpulver)**
1 TL	**Limettensaft**
	Salz, Pfeffer

1 Zwiebel schälen und würfeln. Ingwer schälen und fein hacken. Paprika waschen, entkernen und würfeln. Aubergine waschen und würfeln. Blumenkohl waschen und in kleine Röschen teilen. Kichererbsen abspülen und abtropfen lassen.

2 Öl in einer Pfanne auf mittlerer bis hoher Stufe erhitzen und Zwiebeln darin ca. 5 Minuten anbraten. Knoblauch dazupressen, Ingwer, Curry, Kreuzkümmel und Koriander dazugeben und ca. 1 Minute mitbraten. Paprika, Aubergine und Blumenkohl zufügen und 5–7 Minuten mitbraten.

3 Kichererbsen dazugeben, mit Brühe ablöschen und ca. 5 Minuten köcheln lassen. Blumenkohl-Kichererbsen-Curry mit Limettensaft verfeinern, mit Salz und Pfeffer abschmecken und servieren.

Kürbisgnocchi in Salbeibutter mit Spinat

Für 4 Personen **Zubereitungszeit 40 Min.** **Garzeit 30 Min.** **Kühlzeit 30 Min.**

9 8 6

332 kcal | 1388 kJ

400 g	**mehligkochende Kartoffeln**
	Salz, Pfeffer
300 g	**Kürbisfruchtfleisch (z. B. Hokkaido)**
1	**Eigelb (Größe M)**
3 EL	**geriebener Parmesan**
105 g	**Mehl**
60 g	**Kartoffelstärke**
1 Msp.	**geriebene Muskatnuss**
1/2 TL	**Paprikapulver**
1	**rote Zwiebel**
2	**Knoblauchzehen**
400 g	**Blattspinat**
12 Blätter	**Salbei**
1 TL	**Olivenöl**
1 1/2 EL	**Halbfettbutter**

1 Kartoffeln waschen und in Salzwasser ca. 10 Minuten garen. Kürbis schälen und in dicke Stücke schneiden. Kürbis zu den Kartoffeln geben und weitere 10–12 Minuten garen. Kartoffeln mit Kürbis abgießen, Kartoffeln pellen und beides ca. 10 Minuten ausdampfen lassen.

2 Kartoffeln mit Kürbis fein zerstampfen oder durch eine Kartoffelpresse drücken und zügig mit Eigelb, 1 EL Parmesan, 90 g Mehl, Stärke, Muskatnuss, Paprikapulver, Salz und Pfeffer verrühren. Arbeitsfläche mit restlichem Mehl bestreuen, Teig darauf zu 4 Rollen formen, in ca. 3 cm breite Stücke schneiden, mit einer Gabel leicht flach drücken und ca. 20 Minuten kalt stellen.

3 Zwiebel schälen und in feine Streifen schneiden. Knoblauch pressen. Spinat waschen und trocken schleudern. Salbei waschen und trocken schütteln. Öl in einer großen Pfanne auf mittlerer bis hoher Stufe erhitzen und Zwiebeln mit Knoblauch darin ca. 2 Minuten anbraten. Butter in der Pfanne schmelzen, Salbei dazugeben und ca. 1 Minute mitbraten. Spinat dazugeben, zusammenfallen lassen und mit Salz und Pfeffer würzen.

4 Gnocchi in Salzwasser 2–3 Minuten garen und mit einer Schaumkelle herausheben. Kürbisgnocchi zur Spinatpfanne geben, ca. 2 Minuten mitbraten und mit restlichem Parmesan bestreut servieren.

Küchentipp

Knete den Gnocchiteig nicht zu lang, sonst wird er klebrig. Arbeite beim Ausrollen vorsichtig und nutze das restliche Mehl. Lege die Gnocchi nebeneinander z. B. auf ein mit Backpapier ausgelegtes Backblech und stelle sie dann kalt – so kleben sie nicht aneinander, wenn du sie ins kochende Salzwasser gibst.

Blumenkohlsteak mit grünem Chutney

Für 4 Personen **Zubereitungszeit 15 Min.** **Garzeit 20 Min.**

11 9 3

475 kcal | 1985 kJ

1	**großer Blumenkohl**
	Salz, Pfeffer
1 1/2	**unbehandelte Zitronen**
1 EL	**Olivenöl**
je 1 TL	**Zimt, Kreuzkümmel, gemahlener Koriander und Sumach**
240 g	**trockene helle Quinoa**
800 ml	**vegane Gemüsebrühe (4 TL Instantpulver)**
1	**kleine rote Zwiebel**
1 Dose	**Kichererbsen (265 g Abtropfgewicht)**
3 EL	**gehackte Minze**
4 EL	**gehackter Koriander**
75 g	**Avocadofruchtfleisch**
1	**Knoblauchzehe**
2 TL	**Agavendicksaft**
2 EL	**Wasser**

1 Blumenkohl waschen und in Salzwasser ca. 5 Minuten blanchieren. Blumenkohl in 8 ca. 1 cm dicke Scheiben schneiden. 2 TL Zitronenschale abreiben und 1 Zitrone auspressen. Blumenkohl mit Öl bepinseln. Zimt, Kreuzkümmel, gemahlenen Koriander, Sumach und 1 TL Zitronenschale vermischen und Blumenkohl damit einreiben.

2 Quinoa nach Packungsanweisung in Brühe garen. Eine große Pfanne auf mittlerer Stufe erhitzen und Blumenkohl darin 5–7 Minuten von jeder Seite braten. Zwiebel schälen und in Streifen schneiden. Kichererbsen abspülen und abtropfen lassen. Zwiebeln, Kichererbsen und die Hälfte des Zitronensaftes unter die Quinoa rühren und mit Salz und Pfeffer würzen.

3 Für das Chutney 2 EL Minze, 2 EL Koriander, Avocadofruchtfleisch, Knoblauch, Agavendicksaft, restliche Zitronenschale und -saft mit Wasser pürieren. Restliche Zitronenhälfte in Spalten schneiden. Blumenkohlsteaks mit Chutney beträufeln, mit restlicher Minze und Koriander bestreuen und mit Quinoa servieren.

Küchentipp

Brate auch die kleinen Blumenkohlröschen mit, die gegebenenfalls vom Steak abfallen, und halte die fertig gebratenen Blumenkohlsteaks im Backofen warm.

Tomaten-Couscous mit Nektarinen

Für 2 Personen Zubereitungszeit 15 Min. Garzeit 10 Min.

7 7 7

383 kcal | 1604 kJ

1 EL	**Tomatenmark**
250 ml	**heiße vegane Gemüsebrühe (1 TL Instantpulver)**
1 TL	**Ras el-Hanout**
	Salz, Pfeffer
1 Prise	**Zucker**
120 g	**trockener Couscous**
400 g	**Cocktailtomaten**
2	**Nektarinen**
8	**Haselnüsse**
4 Stängel	**Minze**
2 EL	**gehackte Petersilie**
1 TL	**Olivenöl**
1 TL	**Zitronensaft**

1 Tomatenmark mit Brühe, Ras el-Hanout, Salz, Pfeffer und Zucker verrühren und Couscous darin nach Packungsanweisung garen. Tomaten waschen und vierteln. Nektarinen waschen, halbieren, die Steine entfernen und Nektarinen in Spalten schneiden.

2 Eine Grillpfanne auf mittlerer bis hoher Stufe erhitzen und Nektarinen fettfrei darin 2–3 Minuten von jeder Seite grillen. Haselnüsse grob hacken und fettfrei in einer Pfanne auf mittlerer Stufe 2–3 Minuten rösten.

3 Minze waschen, trocken schütteln, Blätter abzupfen und die Hälfte hacken. Couscous mit Tomaten, Petersilie, gehackter Minze, Öl und Zitronensaft vermischen und mit Salz und Pfeffer abschmecken. Tomaten-Couscous mit Nektarinen garnieren und mit Haselnüssen und restlicher Minze bestreut servieren.

Saisonal ausgetauscht

Du kannst je nach Saison statt Nektarinen auch z. B. Pflaumen oder Birnen verwenden.

Gemüse-Pesto-Quesadillas

Für 4 Personen Zubereitungszeit 10 Min. Garzeit 10 Min. Kühlzeit 5 Min.

7 7 7

284 kcal | 1190 kJ

- 2 **Zucchini**
- je 1 **rote und orange Paprika**
- 2 **Frühlingszwiebeln**
- 2 TL **Olivenöl**
- **Salz, Pfeffer**
- 1/2 TL **Chiliflocken**
- 4 **kleine Tortillawraps**
- 40 g **Pesto verde (Fertigprodukt)**
- 40 g **geriebener Mozzarella, 45 % Fett i. Tr.**

1 Zucchini waschen, längs halbieren und in Scheiben schneiden. Paprika waschen, entkernen und in feine Streifen schneiden. Frühlingszwiebeln waschen und in Ringe schneiden. 1 TL Öl in einer Pfanne auf mittlerer Stufe erhitzen und Gemüse darin 3–5 Minuten braten. Gemüse herausnehmen, mit Salz, Pfeffer und Chiliflocken würzen und ca. 5 Minuten abkühlen lassen.

2 Tortillawraps mit der Hälfte des Pestos bestreichen, mit Gemüse belegen und mit restlichem Pesto beträufeln. Wraps mit Mozzarella bestreuen, jeweils zusammenklappen und mit restlichem Öl bestreichen. Eine große Pfanne auf mittlerer bis hoher Stufe erhitzen, Gemüse-Pesto-Quesadillas darin nacheinander 1–2 Minuten von jeder Seite braten und servieren.

Kartoffel-Gemüse-Pfanne mit Rosmarin

Für 4 Personen **Zubereitungszeit 20 Min.** **Garzeit 25 Min.**

8 5 1

417 kcal | 1744 kJ

800 g	**festkochende Kartoffeln**
1	**Kohlrabi**
	Salz, Pfeffer
300 g	**Hokkaidokürbis**
je 1	**rote und grüne Paprika**
1 Dose	**Kichererbsen (265 g Abtropfgewicht)**
1 EL	**Olivenöl**
1 EL	**gehackter Rosmarin**
1 TL	**geräuchertes Paprikapulver**
100 ml	**Wasser**
2 EL	**heller Balsamicoessig**
250 g	**Magerquark**
50 ml	**Mineralwasser**
1 TL	**Zitronensaft**
1 EL	**italienische Kräuter (frisch oder TK)**

1 Kartoffeln waschen und in Spalten schneiden. Kohlrabi schälen und in Stifte schneiden. Kartoffeln mit Kohlrabi in Salzwasser 10–12 Minuten vorgaren. Kürbis waschen, halbieren, Kerne mit einem Löffel entfernen und Kürbis würfeln. Paprika waschen, entkernen und in Streifen schneiden. Kichererbsen abspülen und abtropfen lassen.

2 Öl in einer großen Pfanne auf mittlerer Stufe erhitzen und Kartoffeln, Kohlrabi, Kürbis und Paprika darin ca. 7 Minuten anbraten. Kichererbsen dazugeben, ca. 3 Minuten mitgaren, mit Salz, Pfeffer und Paprikapulver würzen und mit Rosmarin verfeinern. Gemüse mit Wasser und Essig ablöschen und 1–2 Minuten köcheln lassen.

3 Für den Dip Quark mit Mineralwasser, Zitronensaft, italienischen Kräutern, Salz und Pfeffer verrühren. Kartoffel-Gemüse-Pfanne mit Kräuterquark servieren.

Saisonal ausgetauscht

Verwende statt Kürbis grünen Spargel und statt Rosmarin Kerbel – schon hast du eine frische Frühlingspfanne.

Cajun-Tofu mit Mais und Salat

Für 4 Personen **Zubereitungszeit 15 Min.** **Garzeit 20 Min.**

6 1 1

255 kcal | 1066 kJ

- 400 g **Tofu**
- 2 TL **Cajun-Gewürz**
- 200 g **Cocktailtomaten**
- 3 **Frühlingszwiebeln**
- 1 **rote Chilischote**
- 100 g **Baby-Blattspinat**
- 100 g **Rucola**
- 2 TL **Olivenöl**
- 2 **vorgegarte Maiskolben (vakuumverpackt)**
- **Salz, Pfeffer**
- 2 EL **gehackter Koriander**

1 Tofu trocken tupfen und in 16 Stücke schneiden. Tofu mit Cajun-Gewürz vermischen und abgedeckt ziehen lassen. Tomaten waschen und gegebenenfalls halbieren. Frühlingszwiebeln waschen und in Ringe schneiden. Chilischote waschen, entkernen und fein hacken. Spinat mit Rucola waschen und trocken schleudern.

2 1 TL Öl in einer Grillpfanne auf mittlerer bis hoher Stufe erhitzen und Maiskolben darin 10–12 Minuten rundherum grillen. Mais vom Kolben schneiden und mit Tomaten, Frühlingszwiebeln und Chili vermischen.

3 Restliches Öl im Bratensatz erhitzen und Tofu darin ca. 3 Minuten von jeder Seite grillen. Salat auf 4 Teller verteilen, Maismischung und Tofu darauf anrichten, mit Salz und Pfeffer würzen und mit Koriander bestreuen. Cajun-Tofu servieren.

Schon gewusst?

Cajun-Gewürz besteht aus Salz, Pfeffer, Cayennepfeffer, Chiliflocken, Paprikapulver, Kreuzkümmel, Thymian, Majoran, Zwiebelpulver und Knoblauchpulver.

Gyoza mit Gemüsefüllung

Für 2 Personen **Zubereitungszeit 35 Min.** **Garzeit 15 Min.**

9 8 8

433 kcal | 1812 kJ

60 g	**Edamame (TK)**
1 Stück	**Ingwer (ca. 1 cm)**
1	**Knoblauchzehe**
1/2	**rote Chilischote**
1	**kleine Karotte**
150 g	**Champignons**
2	**Frühlingszwiebeln**
2 TL	**Sesamöl**
	Salz, Pfeffer
5 EL	**Sojasauce**
120 g	**Mehl**
160 ml	**heißes Wasser**
250 g	**Zuckererbsenschoten**
1 EL	**Limettensaft**
je 1/2 TL	**heller und schwarzer Sesam**
1 EL	**süße Asia-Chilisauce**

1 Edamame auftauen lassen. Ingwer schälen und mit Knoblauch fein hacken. Chilischote waschen, entkernen und hacken. Karotte schälen und raspeln. Champignons trocken abreiben und fein würfeln. Frühlingszwiebeln waschen und in feine Ringe schneiden.

2 Öl in einer Pfanne auf mittlerer Stufe erhitzen und Champignons mit Frühlingszwiebeln, Ingwer, Knoblauch und Chili darin ca. 5 Minuten anbraten. Karotten und Edamame dazugeben, ca. 2 Minuten mitbraten, mit Pfeffer würzen und mit 2 EL Sojasauce ablöschen. Gemüse herausnehmen.

3 Mehl mit 60 ml Wasser und 1 Msp. Salz zu einem glatten Teig verkneten, dünn ausrollen und 12 Kreise (Ø 8 cm) ausstechen. Gemüse auf dem Teig verteilen und zu Halbmonden zusammenklappen, dabei die Ränder übereinanderlappend zusammendrücken.

4 Zuckererbsenschoten waschen, längs in dünne Streifen schneiden und in Salzwasser ca. 2 Minuten blanchieren. Zuckererbsenschoten mit Limettensaft, 1 EL Sojasauce und je 1/4 TL Sesam vermischen.

5 Restliches Öl in einer Pfanne auf mittlerer Stufe erhitzen und Gyoza darin 2–3 Minuten anbraten. Restliches Wasser angießen und mit Deckel 2–3 Minuten dämpfen. Gyoza mit restlichem Sesam bestreuen und mit Zuckererbsenschoten, restlicher Sojasauce und Asia-Chilisauce servieren.

Pikante Auberginenwraps

Für 4 Personen **Zubereitungszeit 15 Min.** **Garzeit 20 Min.**

8 7 7

287 kcal | 1200 kJ

- 200 g **Rotkohl**
- 1 **Karotte**
- 1 **Limette**
- 1 EL **Schnittlauchringe**
- **Salz, Pfeffer**
- 8 Stängel **Koriander**
- 2 **kleine Auberginen**
- 1 TL **Olivenöl**
- 4 **kleine Vollkornwraps**
- 120 g **Hummus (Fertigprodukt)**
- 2 EL **Sriracha-Sauce**
- 150 g **Magermilchjoghurt**

1 Rotkohl putzen, vierteln, den Strunk entfernen und Rotkohl in feine Streifen raspeln. Karotte schälen und in feine Streifen raspeln. 1/2 Limette auspressen und restliche Limettenhälfte in Spalten schneiden. Rotkohl mit Karotte, Schnittlauch und Limettensaft vermischen und mit Salz und Pfeffer abschmecken.

2 Koriander waschen und trocken schütteln. Auberginen waschen und in Scheiben schneiden. Öl in einer Grillpfanne auf mittlerer bis hoher Stufe erhitzen und Auberginen darin 2–3 Minuten von jeder Seite grillen. Auberginen herausnehmen und warm stellen.

3 Wraps in der Grillpfanne ca. 1 Minute von jeder Seite erwärmen, mit Hummus bestreichen und mit Auberginen und Rotkohl belegen. Wraps mit Sriracha-Sauce und Joghurt beträufeln, mit Koriander bestreuen und aufrollen. Auberginenwraps mit Limettenspalten servieren.

Glasnudel-Broccoli-Pfanne mit Sesamtofu

Für 4 Personen   Zubereitungszeit 20 Min.   Garzeit 15 Min.

7 5 5

306 kcal | 1279 kJ

2	**große Karotten**
1	**Broccoli**
	Salz, Pfeffer
3	**Frühlingszwiebeln**
1	**rote Chilischote**
1 Stück	**Ingwer (ca. 2 cm)**
200 g	**Tofu**
1 EL	**Sesam**
1 TL	**Sesamöl**
1 TL	**5-Gewürze-Pulver**
4 EL	**Sojasauce**
120 g	**trockene Glasnudeln**
4 EL	**Teriyakisauce**

1 Karotten schälen und in feine Stifte schneiden. Broccoli waschen und in kleine Röschen teilen. Karotten mit Broccoli in Salzwasser 3–5 Minuten blanchieren. Frühlingszwiebeln waschen und schräg in Ringe schneiden. Chilischote waschen, entkernen und fein hacken. Ingwer schälen und fein hacken. Tofu trocken tupfen, in Würfel schneiden, mit Salz und Pfeffer würzen und in Sesam wenden.

2 Öl in einem Wok auf mittlerer bis hoher Stufe erhitzen und Tofu mit Frühlingszwiebeln, Chili und Ingwer darin ca. 5 Minuten anbraten. Karotten und Broccoli dazugeben, 2–3 Minuten mitbraten, mit 5-Gewürze-Pulver, Salz und Pfeffer würzen und mit Sojasauce ablöschen.

3 Glasnudeln nach Packungsanweisung zubereiten, abgießen und auf 4 Schalen verteilen. Tofu und Gemüse auf den Nudeln anrichten und mit Teriyakisauce beträufeln. Glasnudel-Broccoli-Pfanne servieren.

Paprika-Pilz-Omelette

Für 2 Personen   Zubereitungszeit 10 Min.   Garzeit 15 Min.

6 1 1

275 kcal | 1153 kJ

1	**rote Zwiebel**
je 1	**rote und gelbe Paprika**
150 g	**braune Champignons**
1 Handvoll	**Baby-Blattspinat**
	Salz, Pfeffer
1 TL	**gehackter Thymian**
4	**Eier (Größe M)**
1 TL	**Olivenöl**

1 Zwiebel schälen und in Streifen schneiden. Paprika waschen, entkernen und in feine Streifen schneiden. Champignons trocken abreiben und in Scheiben schneiden. Spinat waschen und trocken schleudern.

2 Eine Pfanne auf mittlerer Stufe erhitzen und Zwiebeln mit Paprika, Champignons und 2 EL Wasser darin 3–5 Minuten rundherum braten. Spinat dazugeben, zusammenfallen lassen, mit Salz und Pfeffer würzen, mit Thymian verfeinern und herausnehmen.

3 Eier verquirlen. Öl portionsweise im Bratensatz erhitzen und aus der Eimasse darin nacheinander 2 Omelettes braten, dabei jeweils ca. 2 Minuten mit Deckel stocken lassen. Gemüse auf dem Omelette verteilen, Omelette zusammenklappen und weitere ca. 2 Minuten mit Deckel stocken lassen. Paprika-Pilz-Omelette servieren.

Spinatbratlinge

4 3 2

Für 4 Stück **Zubereitungszeit 10 Min.** **Garzeit 15 Min.** 133 kcal | 556 kJ

1 **200 g Blattspinat** waschen. **1 Zwiebel** fein würfeln. **1 TL Rapsöl** in einer Pfanne erhitzen, Zwiebeln mit Spinat darin ca. 5 Minuten andünsten und hacken. **1/4 Bund Bärlauch** waschen, hacken und mit Zwiebeln, Spinat, **1 Ei (Größe M)**, **50 g Magerquark**, **40 g Vollkornmehl**, **20 g zarten Haferflocken**, **1/2 TL Backpulver**, **Salz** und **Pfeffer** verrühren. Masse ca. 20 Minuten quellen lassen. **1 EL Rapsöl** in einer Pfanne auf mittlerer bis hoher Stufe erhitzen, aus der Masse 4 Kleckse in die Pfanne geben, etwas flach drücken und 3–4 Minuten von jeder Seite braten. Bratlinge servieren.

Zucchinibratlinge

2 2 2

Für 4 Stück **Zubereitungszeit 15 Min.** **Garzeit 10 Min.** 107 kcal | 448 kJ

1 **1 Zucchini** waschen, raspeln und Flüssigkeit ausdrücken. **1 gelbe Paprika** waschen, entkernen und fein würfeln. **50 g Schafskäse, 25 % Fett i. Tr.** zerbröseln, **1 Knoblauchzehe** dazupressen und mit **40 g Paniermehl**, **1 TL Zitronensaft**, **1 TL gehacktem Oregano**, **Salz** und **Pfeffer** verrühren. Aus der Masse 4 Bratlinge formen. **2 TL Rapsöl** in einer Pfanne auf mittlerer Stufe erhitzen, Bratlinge darin 3–4 Minuten von jeder Seite braten und servieren.

Kürbisbratlinge

3 2 1

Für 4 Stück **Zubereitungszeit 15 Min.** **Garzeit 20 Min.** 135 kcal | 564 kJ

1 **250 g Hokkaidokürbis** schälen, in Stücke schneiden und in **Salzwasser** ca. 15 Minuten garen. Kürbis ca. 10 Minuten ausdampfen lassen. **1 Zwiebel** fein würfeln. **150 g Kidneybohnen (Konserve)** mit einer Gabel grob zerdrücken. Kürbis zerstampfen und mit Zwiebeln, Bohnen, **50 g zarten Haferflocken**, **1 TL Tomatenmark**, **1 Msp. Chiliflocken**, Salz und **Pfeffer** verrühren. Aus der Masse 4 Bratlinge formen. **1 EL Rapsöl** in einer Pfanne auf mittlerer bis hoher Stufe erhitzen, Bratlinge darin 2–3 Minuten von jeder Seite braten und servieren.

Wurzelbratlinge

5 4 3

Für 4 Stück **Zubereitungszeit 20 Min.** **Garzeit 10 Min.** 185 kcal | 774 kJ

1 **250 g Petersilienwurzeln** mit **200 g festkochenden Kartoffeln** schälen, raspeln und mit **15 g gehackten Walnüssen**, **15 g geriebenem Parmesan**, **1 Ei (Größe M)**, **30 g Mehl**, **1 TL gehacktem Thymian**, **1 Msp. geriebener Muskatnuss**, **Salz** und **Pfeffer** verrühren. **1 EL Rapsöl** in einer Pfanne auf mittlerer bis hoher Stufe erhitzen, aus der Masse 4 Kleckse in die Pfanne geben, etwas flach drücken und 3–4 Minuten von jeder Seite braten. Bratlinge servieren.

Saisonale Varianten

Aus dem Topf

Pasta mit Pak-Choi-Pilz-Rahmsauce

Für 4 Personen **Zubereitungszeit 25 Min.** **Garzeit 20 Min.**

10 10 10

363 kcal | 1517 kJ

1	**Zwiebel**
1	**Knoblauchzehe**
600 g	**gemischte Pilze (z. B. Champignons, Austernpilze, Pfifferlinge)**
3	**Baby-Pak-Choi**
250 g	**trockene Tagliatelle**
	Salz, grober Pfeffer
1 TL	**Olivenöl**
1/2 TL	**Cayennepfeffer**
100 ml	**Gemüsebrühe (1/2 TL Instantpulver)**
85 g	**Schmand**
30 g	**geriebener Parmesan**

1 Zwiebel schälen und mit Knoblauch fein würfeln. Pilze trocken abreiben, gegebenenfalls waschen und in Stücke schneiden. Pak Choi waschen und in Streifen schneiden. Nudeln nach Packungsanweisung in Salzwasser garen.

2 Öl in einer großen Pfanne oder einem Topf auf mittlerer bis hoher Stufe erhitzen und Zwiebeln mit Knoblauch darin ca. 2 Minuten anbraten. Pilze dazugeben und 5–7 Minuten mitbraten. Pak Choi zufügen, weitere ca. 5 Minuten braten und mit Salz, Pfeffer und Cayennepfeffer würzen.

3 Gemüse mit Brühe ablöschen, Schmand einrühren und kurz aufkochen. Nudeln abgießen, dabei ca. 70 ml Nudelwasser auffangen und samt Nudeln zum Gemüse geben. Pasta mit Salz und Pfeffer abschmecken und mit Parmesan bestreut servieren.

Thomas' Tipp:

Ein wirklich tolles Rezept. Die Sauce kann man auch mit anderen Zutaten kombinieren. Statt Nudeln haben wir sie mit Kartoffeln gekocht – sehr lecker!

Titelrezept

Gemüse-Tikka-Masala mit Reis

Für 2 Personen **Zubereitungszeit 15 Min.** **Garzeit 35 Min.**

11 9 1

464 kcal | 1940 kJ

- 100 g **trockener Naturreis**
- **Salz, Pfeffer**
- 1 **rote Zwiebel**
- 200 g **Broccoliröschen**
- 200 g **Süßkartoffeln**
- 100 g **Kichererbsen (Konserve)**
- 1 TL **Rapsöl**
- 2 TL **Garam Masala**
- 400 g **passierte Tomaten (Konserve)**
- 100 ml **Gemüsebrühe (1/2 TL Instantpulver)**
- 2 EL **Magermilchjoghurt**
- 2 EL **gehackter Koriander**

1 Reis nach Packungsanweisung in Salzwasser garen. Zwiebel schälen und würfeln. Broccoli waschen. Süßkartoffeln waschen und würfeln. Kichererbsen abspülen und abtropfen lassen.

2 Öl in einem Topf auf mittlerer Stufe erhitzen und Zwiebeln mit Broccoli und Süßkartoffeln darin 4–5 Minuten anbraten. Garam Masala dazugeben und ca. 1 Minute mitbraten. Kichererbsen dazugeben, mit Tomaten und Brühe ablöschen, mit Salz und Pfeffer würzen und ca. 30 Minuten köcheln lassen.

3 Gemüse-Tikka-Masala mit Joghurt beträufeln, mit Koriander bestreuen und mit Reis servieren.

Thomas' Tipp:

Wer kann, sollte Gewürze wie Garam Masala direkt beim Inder holen. Diese sind im Vergleich zu unseren etwas schärfer und geben einen echt tollen Geschmack. Es lohnt sich!

Spinatknödel mit Tomaten-Rucola-Salat

Für 4 Personen **Zubereitungszeit 25 Min.** **Garzeit 20 Min.** **Kühlzeit 5 Min.**

8 7 7

289 kcal | 1208 kJ

1	**Zwiebel**
1	**Knoblauchzehe**
100 g	**Blattspinat**
3 TL	**Olivenöl**
1 Scheibe	**Vollkorntoast (groß)**
80 ml	**warme entrahmte Milch**
1	**Ei (Größe M)**
	Salz, Pfeffer
110 g	**Paniermehl**
1 EL	**Pinienkerne**
200 g	**Rucola**
4	**Tomaten**
2 EL	**gehackte Petersilie**
1 EL	**Limettensaft**
2 TL	**Balsamicocreme**
40 g	**geriebener Gruyère, 45 % Fett i. Tr.**

1 Zwiebel schälen und fein würfeln. Knoblauch fein hacken. Spinat waschen und trocken schleudern. 1 TL Öl in einer Pfanne auf mittlerer Stufe erhitzen und die Hälfte der Zwiebeln mit Knoblauch darin ca. 2 Minuten andünsten. Spinat dazugeben, zusammenfallen lassen und ca. 1 Minute mitbraten. Spinatmischung ca. 5 Minuten abkühlen lassen und fein hacken.

2 Toast würfeln und in Milch einweichen. Ei mit Salz und Pfeffer verquirlen und mit Paniermehl, Toast und Spinatmischung verkneten. Aus der Masse mit feuchten Händen 4 große Knödel formen und in siedendem Salzwasser 12–15 Minuten gar ziehen lassen. Pinienkerne fettfrei in einer Pfanne auf mittlerer Stufe 2–3 Minuten rösten.

3 Rucola waschen und trocken schleudern. Tomaten waschen, würfeln und mit restlichen Zwiebeln, Petersilie, Limettensaft, restlichem Öl, Salz und Pfeffer vermischen. Knödel auf dem Salat anrichten, mit Balsamicocreme beträufeln und mit Pinienkernen und Gruyère bestreuen. Spinatknödel mit Tomaten-Rucola-Salat servieren.

Scharfe Kichererbsen-Blumenkohl-Suppe

Für 4 Personen Zubereitungszeit 10 Min. Garzeit 10 Min.

3 1 1

210 kcal | 877 kJ

- 2 **Schalotten**
- 2 **Knoblauchzehen**
- 1 EL **Olivenöl**
- 2 EL **Tomatenmark**
- 400 g **stückige Tomaten (Konserve)**
- 1 Liter **vegane Gemüsebrühe (4 1/2 TL Instantpulver)**
- 1 TL **geräuchertes Paprikapulver**
- 1 TL **Cayennepfeffer**
- **Salz, Pfeffer**
- 1 Dose **Kichererbsen (265 g Abtropfgewicht)**
- 800 g **Blumenkohlröschen (TK)**
- 4 Stängel **Koriander**

1 Schalotten schälen und würfeln. Knoblauch hacken. Öl in einem Topf auf mittlerer Stufe erhitzen und Schalotten mit Knoblauch darin ca. 1 Minute anbraten. Tomatenmark einrühren, kurz mitbraten und mit Tomaten und Brühe ablöschen.

2 Mit Paprikapulver, Cayennepfeffer, Salz und Pfeffer würzen und aufkochen. Kichererbsen abspülen, abtropfen lassen, mit Blumenkohl zur Suppe geben und auf niedriger Stufe mit Deckel 8–10 Minuten köcheln lassen. Koriander waschen und trocken schütteln. Kichererbsen-Blumenkohl-Suppe mit Koriander bestreut servieren.

Zucchini-Lauch-Risotto mit Haselnüssen

Für 4 Personen   Zubereitungszeit 20 Min.   Garzeit 35 Min.

9 9 9

363 kcal | 1519 kJ

1	**große Zucchini**
1 Stange	**Lauch**
1 TL	**Olivenöl**
1	**Knoblauchzehe**
220 g	**trockener Risottoreis (z. B. Arborio)**
80 ml	**trockener Weißwein**
750 ml	**Gemüsebrühe (3 1/2 TL Instantpulver)**
30 g	**Haselnüsse**
1 TL	**gehackter Thymian**
40 g	**geriebener Parmesan**
2 TL	**Halbfettmargarine**
	Salz, Pfeffer
2 EL	**gehacktes Basilikum**

1 Zucchini waschen und fein würfeln. Lauch waschen und in Ringe schneiden. Öl in einem Topf auf mittlerer bis hoher Stufe erhitzen und Zucchini mit Lauch darin ca. 5 Minuten andünsten. Knoblauch dazupressen, Reis dazugeben und ca. 3 Minuten mitdünsten. Mit Wein ablöschen und auf mittlerer Stufe ca. 25 Minuten köcheln lassen, dabei regelmäßig Brühe nachgießen und umrühren.

2 Haselnüsse grob hacken und fettfrei in einer Pfanne auf mittlerer Stufe 2–3 Minuten rösten. Thymian, 20 g Parmesan und Margarine unter das Risotto rühren und mit Salz und Pfeffer würzen. Zucchini-Lauch-Risotto mit restlichem Parmesan, Basilikum und Haselnüssen bestreut servieren.

Frühlingspasta mit Schafskäse

Für 4 Personen **Zubereitungszeit 15 Min.** **Garzeit 10 Min.** **Kühlzeit 10 Min.**

10 9 3

389 kcal | 1626 kJ

250 g	**trockene Vollkorn-Penne**
	Salz, Pfeffer
400 g	**grüner Spargel**
250 g	**Dicke Bohnen (Konserve)**
400 g	**Cocktailtomaten**
1/2 Bund	**glatte Petersilie**
4 Stängel	**Minze**
1/2	**unbehandelte Zitrone**
1	**Knoblauchzehe**
2 EL	**Olivenöl**
40 g	**Schafskäse, 25 % Fett i. Tr.**

1 Nudeln nach Packungsanweisung in Salzwasser garen. Spargel waschen, das untere Drittel schälen und Spargel in Stücke schneiden. Bohnen abgießen, abtropfen lassen und mit Spargel ca. 2 Minuten vor Ende der Garzeit zu den Nudeln geben. Nudeln mit Spargel und Bohnen abgießen und ca. 10 Minuten abkühlen lassen.

2 Tomaten waschen und halbieren. Petersilie mit Minze waschen, trocken schütteln und hacken. Zitronenschale abreiben und Zitronenhälfte auspressen. Knoblauch pressen und mit Öl, Zitronensaft, -schale, Petersilie, Minze, Tomaten, Salz und Pfeffer vermischen. Nudeln, Spargel und Bohnen unterheben und verrühren. Schafskäse darüberbröseln und Frühlingspasta servieren.

Saisonal ausgetauscht

Für eine herbstliche Variation kannst du z. B. Romanesco, Steinpilze und Chicorée verwenden. Im Winter eignet sich frischer Grünkohl, Rosenkohl und Topinambur.

Scharfer Sauerkrauteintopf

Für 4 Personen   Zubereitungszeit 15 Min.   Garzeit 35 Min.

6 6 3

274 kcal | 1148 kJ

1	**Zwiebel**
1	**Knoblauchzehe**
1	**rote Chilischote**
2	**rote Paprika**
600 g	**mehligkochende Kartoffeln**
1 EL	**Olivenöl**
600 ml	**Gemüsebrühe (2 1/2 TL Instantpulver)**
400 g	**stückige Tomaten (Konserve)**
1 TL	**Paprikapulver**
1/2 TL	**Cayennepfeffer**
	Salz, Pfeffer
400 g	**Sauerkraut (Konserve)**
1 TL	**Zucker**
4 EL	**Schmand**
2 EL	**gehackte Petersilie**

1 Zwiebel schälen und mit Knoblauch fein würfeln. Chilischote waschen, entkernen und hacken. Paprika waschen, entkernen und in Streifen schneiden. Kartoffeln schälen und würfeln.

2 Öl in einem großen Topf auf mittlerer Stufe erhitzen und Zwiebeln mit Knoblauch, Chili, Paprika und Kartoffeln darin 5–7 Minuten anbraten. Mit Brühe und Tomaten ablöschen, mit Paprikapulver, Cayennepfeffer, Salz und Pfeffer würzen und ca. 20 Minuten köcheln lassen.

3 Sauerkraut abtropfen lassen, zum Eintopf geben und ca. 10 Minuten mitgaren. Eintopf mit Zucker verfeinern, mit Salz und Pfeffer abschmecken und mit Schmand garnieren. Sauerkrauteintopf mit Petersilie bestreut servieren.

Kartoffelpüree mit Rotkohl und Pilzen

Für 4 Personen **Zubereitungszeit 35 Min.** **Garzeit 90 Min.**

7 6 2

304 kcal | 1273 kJ

1	**kleiner Rotkohl (ca. 700 g)**
2	**Zwiebeln**
1	**süßlicher Apfel (z. B. Gala)**
3 TL	**Olivenöl**
400 ml	**Wasser**
	Salz, Pfeffer
1 TL	**Zucker**
4	**Nelken**
3 EL	**Apfelessig**
800 g	**mehligkochende Kartoffeln**
1	**Lollo bianco**
1	**Knoblauchzehe**
100 g	**Magermilchjoghurt**
2 EL	**Schnittlauchringe**
250 g	**braune Champignons**
1 TL	**gehackter Rosmarin**
100 ml	**fettarme Milch**
2 TL	**Halbfettmargarine**
1 Msp.	**geriebene Muskatnuss**

1 Rotkohl putzen, vierteln, den Strunk entfernen und Kohl in feine Streifen schneiden. Zwiebeln schälen und in feine Streifen schneiden. Apfel waschen, vierteln, entkernen und fein würfeln. 2 TL Öl in einem großen Topf auf mittlerer Stufe erhitzen und Apfel mit der Hälfte der Zwiebeln darin 2–3 Minuten andünsten. Rotkohl dazugeben, ca. 5 Minuten mitdünsten, mit Wasser ablöschen, mit Salz und Pfeffer würzen und mit Zucker, Nelken und Essig verfeinern. Rotkohl ca. 80 Minuten mit Deckel köcheln lassen, dabei gelegentlich durchrühren.

2 Kartoffeln schälen, vierteln und in Salzwasser ca. 20 Minuten garen. Salat waschen, trocken schleudern und in mundgerechte Stücke zerteilen. Für das Dressing Knoblauch pressen und mit Joghurt, 1 EL Schnittlauch, Salz und Pfeffer verrühren. Champignons trocken abreiben und vierteln. Restliches Öl in einer Pfanne auf mittlerer bis hoher Stufe erhitzen und restliche Zwiebeln mit Champignons darin ca. 5 Minuten rundherum braten. Mit Salz und Pfeffer würzen und mit Rosmarin verfeinern.

3 Kartoffeln abgießen, mit Milch zerstampfen und mit Margarine, Salz, Pfeffer und Muskatnuss verrühren. Salat mit Dressing vermischen und auf kleine Schalen verteilen. Kartoffelpüree auf Tellern verteilen, Champignons daraufgeben und mit restlichem Schnittlauch bestreuen. Rotkohl mit Salz und Pfeffer abschmecken und mit Kartoffelpüree, Pilzen und Salat servieren.

Linsen-Edamame-Salat

Für 4 Personen **Zubereitungszeit 15 Min.** **Garzeit 25 Min.**

9 2 2

393 kcal | 1644 kJ

- 250 g **trockene Puy-Linsen**
- 200 g **Edamame (TK)**
- **Salz, Pfeffer**
- 2 **rote Paprika**
- 3 **Frühlingszwiebeln**
- 200 g **Chinakohl**
- 2 EL **gehacktes Basilikum**
- 3 EL **gehackter Koriander**
- 1 Stück **Ingwer (ca. 2 cm)**
- 1 **rote Chilischote**
- 2 **Limetten**
- 1 **Knoblauchzehe**
- 2 EL **Erdnusscreme**
- 1 EL **Ahornsirup**

1 Linsen nach Packungsanweisung in Wasser garen. Edamame in Salzwasser ca. 3 Minuten blanchieren. Paprika waschen, entkernen und in Streifen schneiden. Frühlingszwiebeln waschen und schräg in Ringe schneiden. Chinakohl putzen, Boden samt Strunk entfernen und Chinakohl in feine Streifen schneiden.

2 Linsen mit Edamame, Paprika, Frühlingszwiebeln, Chinakohl, Basilikum und Koriander vermischen. Ingwer schälen und hacken. Chilischote waschen, entkernen und in Stücke schneiden. Limetten auspressen und Limettensaft mit Ingwer, Chili, Knoblauch, Erdnusscreme und Ahornsirup pürieren und mit Salz und Pfeffer würzen. Linsen-Edamame-Salat mit Dressing vermischen und servieren.

Szechuan-Erdnuss-Nudelsalat

Für 4 Personen **Zubereitungszeit 10 Min.** **Garzeit 15 Min.**

10 10 4

385 kcal | 1612 kJ

- 250 g **trockene Vollkorn-Spaghetti**
- **Salz, Szechuan-Pfeffer**
- 2 **gelbe Paprika**
- 1 **Salatgurke**
- 2 **Frühlingszwiebeln**
- 50 g **Erdnusscreme**
- 3 EL **Hoisin-Sauce**
- 1 EL **Sojasauce**
- 1 EL **Reisessig**
- 1 TL **Sesamöl**
- 1/2 TL **Cayennepfeffer**

1 Nudeln nach Packungsanweisung in Salzwasser garen und abgießen, dabei ca. 100 ml Nudelwasser auffangen. Paprika waschen, entkernen und in Stücke schneiden. Gurke waschen und grob würfeln. Frühlingszwiebeln waschen und in Ringe schneiden.

2 Für die Sauce Erdnusscreme mit Hoisin-Sauce, Sojasauce, Essig, Öl, Nudelwasser, Cayennepfeffer, Salz und Szechuan-Pfeffer verrühren, in einen Topf geben und auf mittlerer Stufe aufkochen. Nudeln mit Paprika, Gurken, Frühlingszwiebeln und Sauce vermischen und Nudelsalat servieren.

Pastinaken-Erbsen-Suppe mit Knoblauchbaguette

Für 4 Personen **Zubereitungszeit 15 Min.** **Garzeit 30 Min.**

9 5 5

315 kcal | 1316 kJ

1	**Zwiebel**
500 g	**Pastinaken**
2 TL	**Halbfettmargarine**
300 ml	**entrahmte Milch**
500 ml	**Gemüsebrühe**
	(2 TL Instantpulver)
	Salz, Pfeffer
1 Msp.	**geriebene Muskatnuss**
250 g	**Erbsen (TK)**
2 EL	**gehackte Petersilie**
8 Scheiben	**Baguette (à 25 g)**
1	**kleine Knoblauchzehe**

1 Zwiebel schälen und würfeln. Pastinaken schälen und in Stücke schneiden. Margarine in einem Topf auf mittlerer Stufe schmelzen und Zwiebeln darin ca. 2 Minuten andünsten. Mit Milch und Brühe ablöschen und aufkochen. Pastinaken dazugeben, mit Salz, Pfeffer und Muskatnuss würzen und mit Deckel ca. 20 Minuten köcheln lassen.

2 200 g gefrorene Erbsen und Petersilie zur Suppe geben und ca. 5 Minuten mitgaren. Restliche Erbsen auftauen lassen. Baguette rösten und mit Knoblauch einreiben. Suppe pürieren, mit Salz und Pfeffer abschmecken und mit restlichen Erbsen garnieren. Pastinaken-Erbsen-Suppe mit Knoblauchbaguette servieren.

Türkische Eier mit Joghurt und Pita

Für 4 Personen **Zubereitungszeit 10 Min.** **Garzeit 15 Min.**

7 3 3

249 kcal | 1041 kJ

- 1 **kleine Knoblauchzehe**
- 1/2 **unbehandelte Zitrone**
- 300 g **griechischer Joghurt, Natur, bis 0,2 % Fett**
- 1 **rote Chilischote**
- 1 EL **Olivenöl**
- 1 TL **geräuchertes Paprikapulver**
- 1 EL **Weißweinessig**
- 4 **Eier (Größe M)**
- **Salz, Pfeffer**
- 4 **kleine Vollkorn-Pitabrote (à 30 g)**
- 2 EL **gehackter Koriander**

Eier richtig pochieren

1 Knoblauch pressen. Zitronenschale abreiben und Zitronenhälfte auspressen. Joghurt mit Knoblauch, Zitronensaft und -schale verrühren. Chilischote waschen und in Ringe schneiden. Öl in einer Pfanne auf niedriger Stufe erwärmen und die Hälfte der Chilischote mit 1/2 TL Paprikapulver darin ca. 5 Minuten anschwitzen.

2 1,5 Liter Wasser mit Essig in einem Topf zum Sieden bringen. Mit einem Löffel kräftig umrühren, sodass ein Strudel entsteht. Eier einzeln in eine Tasse schlagen, nacheinander langsam in den Strudel geben und jeweils ca. 3 Minuten pochieren. Eier herausnehmen, abtropfen lassen und salzen.

3 Pitabrote rösten. Joghurt auf 4 Schalen verteilen, Eier darauf geben, mit Chiliöl beträufeln, mit Salz und Pfeffer würzen und mit restlicher Chilischote, restlichem Paprikapulver und Koriander bestreuen. Türkische Eier mit Pita servieren.

Gut kombiniert

Dazu passt ein gemischter grüner Salat, z. B. mit WW Joghurt Zitronen Dressing.

Kartoffel-Curry-Suppe mit Rosenkohl

Für 2 Personen **Zubereitungszeit 15 Min.** **Garzeit 40 Min.**

9 9 5

377 kcal | 1577 kJ

1	**Zwiebel**
1 Stück	**Ingwer (ca. 1 cm)**
1	**Knoblauchzehe**
400 g	**mehligkochende Kartoffeln**
500 g	**Rosenkohl**
1 TL	**Olivenöl**
1 TL	**gelbe Currypaste**
400 ml	**vegane Gemüsebrühe (2 TL Instantpulver)**
	Salz, Pfeffer
1 TL	**Curry**
1 Msp.	**Chilipulver**
140 ml	**fettreduzierte Kokosmilch**
1 TL	**Limettensaft**
1	**Frühlingszwiebel**
2 EL	**Sojasauce**

1 Zwiebel schälen und würfeln. Ingwer schälen und mit Knoblauch fein hacken. Kartoffeln schälen und würfeln. Rosenkohl putzen und halbieren.

2 Öl in einem Topf auf mittlerer bis hoher Stufe erhitzen und Zwiebeln mit Knoblauch und Ingwer darin 2–3 Minuten anbraten. Currypaste dazugeben und ca. 2 Minuten anschwitzen. Kartoffeln und Rosenkohl dazugeben, ca. 3 Minuten mitbraten, mit Brühe ablöschen, mit Salz, Pfeffer, Curry und Chilipulver würzen und mit Deckel auf niedriger Stufe ca. 30 Minuten köcheln lassen.

3 Curry mit Kokosmilch und Limettensaft verfeinern und weitere ca. 5 Minuten köcheln lassen. Frühlingszwiebel waschen, schräg in Ringe schneiden und über die Suppe streuen. Kartoffel-Curry-Suppe mit Sojasauce beträufelt servieren.

Thomas' Tipp:

Eine wunderbar wärmende Suppe, auch mal für zwischendurch oder nach einem kalten Spaziergang im Winter. Einfach in der Tasse servieren – klasse!

Thomas' Lieblingsrezept

Spaghetti mit cremiger Kräutersauce

Für 4 Personen **Zubereitungszeit 15 Min.** **Garzeit 30 Min.**

7 7 0

289 kcal | 1208 kJ

- 5 **Schalotten**
- 1 TL **Olivenöl**
- **Salz, Pfeffer**
- 250 g **trockene Vollkorn-Spaghetti**
- 1 **unbehandelte Zitrone**
- 400 g **Cocktailtomaten**
- 80 g **Rucola**
- 1/2 Bund **Petersilie**
- 200 g **Seidentofu**

1 Backofen auf 200° C (Gas: Stufe 3, Umluft: 180° C) vorheizen. Schalotten schälen, mit Öl vermischen, mit Salz und Pfeffer würzen, auf ein Stück Backpapier geben und zu einem Päckchen verschließen. Schalottenpäckchen auf ein Backblech legen und im Backofen auf mittlerer Schiene ca. 30 Minuten backen.

2 Nudeln nach Packungsanweisung in Salzwasser garen und abgießen. Zitronenschale abreiben und Zitrone auspressen. Tomaten waschen und vierteln. Rucola mit Petersilie waschen und trocken schütteln. Rucola mit der Hälfte der Petersilie, Seidentofu, Zitronensaft und Schalotten fein pürieren.

3 Kräutersauce mit Salz und Pfeffer abschmecken und mit Nudeln vermischen. Restliche Petersilie hacken. Spaghetti mit Tomaten, Zitronenschale und Petersilie bestreuen und servieren.

Spinatsuppe

1 0 0

Für 4 Personen **Zubereitungszeit 15 Min.** **Garzeit 15 Min.** 74 kcal | 309 kJ

1 **1 Stange Lauch** waschen und in Ringe schneiden. **200 g Erbsen** aus den Schoten lösen. **800 ml vegane Gemüsebrühe (4 TL Instantpulver)** in einem Topf auf mittlerer Stufe erwärmen und Lauch mit Erbsen darin ca. 10 Minuten garen. **200 g Blattspinat** waschen, zur Suppe geben und ca. 5 Minuten mitgaren. **1/2 Bund Kerbel** waschen und grob hacken. Spinatsuppe mit **Salz** und **Pfeffer** abschmecken, mit Kerbel verfeinern und servieren.

Tomaten-Beeren-Suppe

0 0 0

Für 4 Personen **Zubereitungszeit 15 Min.** **Garzeit 10 Min.** **Kühlzeit 60 Min.** 63 kcal | 264 kJ

1 **300 g Tomaten** waschen, in Stücke schneiden, mit **200 ml Wasser** und **200 g passierten Tomaten (Konserve)** in einen Topf geben, auf mittlerer Stufe ca. 10 Minuten garen und pürieren. **300 g rote Beeren** waschen, 200 g pürieren, **mit 2 EL Magermilchjoghurt** unter die Suppe rühren, mit **1 Prise Salz** abschmecken und ca. 60 Minuten kalt stellen. Tomaten-Beeren-Suppe mit **2 EL Magermilchjoghurt**, restlichen Beeren und **1 TL abgeriebener, unbehandelter Zitronenschale** garnieren und servieren.

Rote Selleriesuppe

2 2 1

Für 4 Personen **Zubereitungszeit 15 Min.** **Garzeit 30 Min.** 130 kcal | 545 kJ

1 **300 g Knollensellerie**, **300 g Rote Bete** und **300 g mehligkochende Kartoffeln** schälen und fein würfeln. **800 ml Gemüsebrühe (4 TL Instantpulver)** in einem Topf auf mittlerer Stufe erwärmen und Gemüse mit **1 Lorbeerblatt** darin ca. 30 Minuten garen. Mit **Salz**, **Pfeffer** und **1 Prise Chiliflocken** würzen und mit **1 TL gehacktem Rosmarin** verfeinern. Lorbeerblatt entfernen, Selleriesuppe pürieren und mit **4 EL saurer Sahne** garniert servieren.

Wirsingsuppe

1 1 0

Für 4 Personen **Zubereitungszeit 20 Min.** **Garzeit 30 Min.** 109 kcal | 457 kJ

1 **300 g Schwarzwurzeln** und **200 g mehligkochende Kartoffeln** schälen und würfeln. **200 g Karotten** schälen und in Scheiben schneiden. **1 Liter vegane Gemüsebrühe (4 1/2 TL Instantpulver)** in einem Topf auf mittlerer Stufe erwärmen und Gemüse darin ca. 20 Minuten garen. **400 g Wirsing** putzen, in feine Streifen schneiden, zur Suppe geben und ca. 10 Minuten mitgaren. Wirsingsuppe mit **Salz** und **Pfeffer** würzen, mit **1 TL gehacktem Thymian** verfeinern und servieren.

Saisonale Varianten

Aus dem Ofen

Ratatouille-Gemüse-Quiche

Für 6 Stücke Zubereitungszeit 25 Min. Garzeit 50 Min. Kühlzeit 15 Min.

9 8 8

300 kcal | 1257 kJ

- 210 g **Mehl**
- 60 ml **Wasser**
- 90 g **Halbfettmargarine**
- **Salz, Pfeffer**
- 2 **Tomaten**
- je 1 **kleine grüne und gelbe Zucchini**
- 1 **kleine Aubergine**
- 2 **Eier (Größe M)**
- 150 ml **entrahmte Milch**
- 40 g **Schmand**
- 40 g **geriebener Parmesan**
- 1 EL **Paprikamark (ersatzweise Tomatenmark)**
- 2 TL **gehackter Rosmarin**
- 40 g **geriebener Käse, 30 % Fett i. Tr.**

1 Für den Teig Mehl mit Wasser, 80 g Margarine und 1 TL Salz verkneten, in Frischhaltefolie wickeln und ca. 15 Minuten kalt stellen. Backofen auf 200° C (Gas: Stufe 3, Umluft: 180° C) vorheizen.

2 Eine Tarteform (Ø 26 cm) mit restlicher Margarine fetten. Teig zwischen Backpapier rund ausrollen und Tarteform damit auskleiden, dabei einen 2 cm hohen Rand formen. Teig mehrmals mit einer Gabel einstechen und im Backofen auf mittlerer Schiene ca. 15 Minuten backen.

3 Tomaten, Zucchini und Aubergine waschen und in Scheiben schneiden. Für den Guss Eier mit Milch, Schmand, Parmesan, Paprikamark, 1 TL Rosmarin, Salz und Pfeffer verrühren und auf den Teig geben. Gemüse fächerartig auf dem Guss anrichten, mit Käse bestreuen und im Backofen auf mittlerer Schiene ca. 35 Minuten backen.

4 Quiche ca. 15 Minuten abkühlen lassen, mit restlichem Rosmarin bestreuen, mit grobem Pfeffer würzen und in Stücke schneiden. Ratatouille-Gemüse-Quiche servieren.

Thomas' Tipp:

Ein tolles Abendessen, das sich gut vorbereiten lässt. Schmeckt auch am nächsten Tag noch hervorragend.

Thomas' Lieblingsrezept

Rustikale Grillgemüse-Pizza

Für 4 Personen Zubereitungszeit 35 Min. Garzeit 30 Min. Gehzeit 60 Min.

11 11 11

426 kcal | 1782 kJ

- 1/2 Würfel **Hefe**
- 1 Prise **Zucker**
- 220 ml **lauwarmes Wasser**
- 340 g **Vollkornmehl**
- **Salz, Pfeffer**
- 1 **kleine Zucchini**
- 150 g **braune Champignons**
- 1 **gelbe Paprika**
- 1 **rote Zwiebel**
- 1 TL **Olivenöl**
- 1 TL **gehackter Thymian**
- 6 **entsteinte schwarze Oliven in Lake**
- 150 ml **passierte Tomaten (Konserve)**
- 1/2 TL **getrockneter Oregano**
- 60 g **geriebener Gruyère, 45 % Fett i. Tr.**
- 1 Handvoll **Rucola**
- 20 g **gehobelter Parmesan**
- 1 Msp. **Chiliflocken**

1 Hefe zerbröckeln und mit Zucker in 100 ml Wasser auflösen. 330 g Mehl in eine Schüssel geben, in die Mitte eine Vertiefung drücken und Hefemischung hineingießen. Mit etwas Mehl verrühren und Vorteig an einem warmen Ort zugedeckt ca. 15 Minuten gehen lassen. 1 TL Salz und restliches Wasser dazugeben, zu einem glatten Teig verkneten und weitere ca. 45 Minuten gehen lassen.

2 Zucchini waschen und in Scheiben schneiden. Champignons trocken abreiben und vierteln. Paprika waschen, entkernen und in breite Streifen schneiden. Zwiebel schälen und in Spalten schneiden. Eine Grillpfanne auf hoher Stufe erhitzen, Gemüse darin fettfrei 10–12 Minuten rundherum grillen und mit Öl, Salz, Pfeffer und Thymian vermischen. Oliven in Ringe schneiden. Tomaten mit Oregano, Salz und Pfeffer verrühren.

3 Backofen auf 220° C (Gas: Stufe 4, Umluft: 200° C) vorheizen. Arbeitsfläche mit restlichem Mehl bestäuben. Teig erneut gut durchkneten, halbieren und jeweils rund ausrollen, dabei einen dicken Rand formen. Pizzen auf 2 mit Backpapier ausgelegte Backbleche legen, mit Tomatensauce bestreichen und mit Gemüse und Oliven belegen.

4 Pizzen mit Gruyère bestreuen und im Backofen nacheinander auf mittlerer Schiene ca. 10 Minuten backen. Rucola waschen und trocken schleudern. Grillgemüse-Pizza mit Rucola, Parmesan und Chiliflocken bestreuen und servieren.

Gemüse-Linsen-Lasagne

Für 4 Personen   Zubereitungszeit 25 Min.   Garzeit 45 Min.

9 7 4

382 kcal | 1599 kJ

- 1 **Zwiebel**
- 3 **kleine Karotten**
- 1 **Knoblauchzehe**
- 250 g **braune Champignons**
- 1 Dose **Linsen (240 g Abtropfgewicht)**
- 1 TL **Olivenöl**
- 400 g **stückige Tomaten (Konserve)**
- 200 ml **Gemüsebrühe (1 TL Instantpulver)**
- **Salz, Pfeffer**
- 1/2 TL **Paprikapulver**
- 1/2 TL **Chilipulver**
- 2 EL **gehacktes Basilikum**
- 1/2 TL **getrockneter Oregano**
- 2 TL **Halbfettmargarine**
- 1 1/2 EL **Mehl**
- 300 ml **entrahmte Milch**
- 1 Msp. **geriebene Muskatnuss**
- 1 TL **körniger Senf**
- 1 Kugel **fettreduzierter Mozzarella**
- 9 **WW Yellow Lentil Lasagneblätter**

1 Zwiebel mit Karotten schälen und würfeln. Knoblauch hacken. Champignons trocken abreiben und in kleine Stücke schneiden. Linsen abspülen und abtropfen lassen. Öl in einer großen Pfanne auf mittlerer Stufe erhitzen und Gemüse mit Knoblauch darin 5–7 Minuten anbraten. Mit Tomaten und Brühe ablöschen, mit Salz, Pfeffer, Paprika- und Chilipulver würzen und mit Basilikum und Oregano verfeinern. Linsen dazugeben und ca. 10 Minuten köcheln lassen.

2 Backofen auf 200° C (Gas: Stufe 3, Umluft: 180° C) vorheizen. Margarine in einem Topf auf mittlerer Stufe schmelzen. Mehl zufügen, anschwitzen, Milch unter Rühren dazugeben und aufkochen. Béchamelsauce mit Salz, Pfeffer und Muskatnuss würzen und mit Senf verfeinern. Mozzarella trocken tupfen und in Scheiben schneiden.

3 WW Yellow Lentil Lasagneblätter mit Béchamel- und Tomaten-Gemüse-Sauce abwechselnd in eine Auflaufform (ca. 20 x 25 cm) schichten, dabei mit Tomaten-Gemüse-Sauce beginnen und mit Béchamelsauce abschließen. Gemüse-Linsen-Lasagne mit Mozzarella belegen, im Backofen auf mittlerer Schiene 25–30 Minuten backen und servieren.

Proteinhaltige Alternative

Die WW Lasagneblätter bestehen aus Linsenmehl und Vollkornreismehl und sind damit vegan und glutenfrei. Erhältlich im WW Studio und auf wwshop.de.

Thomas' Lieblingsrezept

Gebackener Schafskäse auf Salat

Für 2 Personen **Zubereitungszeit 15 Min.** **Garzeit 20 Min.**

7 7 7

324 kcal | 1356 kJ

- 150 g **Cocktailtomaten**
- 1 **gelbe Paprika**
- 1 **rote Zwiebel**
- 150 g **Schafskäse, 25 % Fett i. Tr.**
- 10 g **Pankomehl**
- **Salz, Pfeffer**
- 1 Msp. **Paprikapulver**
- 2 TL **gehackter Oregano**
- 4 **grüne Peperoni in Lake**
- 1 Msp. **Chiliflocken**
- 3 TL **Olivenöl**
- 2 TL **Sonnenblumenkerne**
- 120 g **Lollo bianco und rosso**
- 2 EL **dunkler Balsamicoessig**
- 1/2 **Zitrone**

1 Backofen auf 200° C (Gas: Stufe 3, Umluft: 180° C) vorheizen. Tomaten waschen und vierteln. Paprika waschen, entkernen und in feine Streifen schneiden. Zwiebel schälen und in feine Streifen schneiden. Schafskäse trocken tupfen und in 2 cm große Würfel schneiden. Pankomehl mit Salz, Pfeffer, Paprikapulver und 1 TL Oregano vermischen und Schafskäse darin wenden.

2 Tomaten, Paprika, Zwiebeln und Peperoni mit Salz, Pfeffer und Chiliflocken würzen, mit Schafskäse in einer Auflaufform (ca. 15 x 20 cm) verteilen, mit 1 TL Öl beträufeln und im Backofen auf mittlerer Schiene ca. 20 Minuten backen. Sonnenblumenkerne fettfrei in einer Pfanne auf mittlerer Stufe 2–3 Minuten rösten.

3 Salat waschen, trocken schleudern und in mundgerechte Stücke zerteilen. Für das Dressing restliches Öl mit Essig, Salz und Pfeffer verrühren und mit Salat vermischen. Zitronenhälfte in Spalten schneiden. Ofengemüse und Schafskäse auf dem Salat anrichten und mit Sonnenblumenkernen und restlichem Oregano bestreuen. Gebackenen Schafskäse mit Zitronenspalten servieren.

Thomas' Tipp:

Ein einfaches Rezept, das aber super lecker ist. Ich habe noch etwas Honig über den Schafskäse geträufelt – hammer!

Bohnen-Avocado-Bowl mit Röstkartoffeln

Für 2 Personen **Zubereitungszeit 20 Min.** **Garzeit 20 Min.**

10 8 5

374 kcal | 1565 kJ

- 300 g **festkochende Kartoffeln**
- 1 TL **Olivenöl**
- 1 Msp. **Cayennepfeffer**
- 1/2 TL **Paprikapulver**
- **Salz, Pfeffer**
- 1 **Tomate**
- 1 **kleine rote Zwiebel**
- 1 EL **Limettensaft**
- 80 g **Avocado**
- 1 **kleines Römersalatherz**
- 160 g **Kidneybohnen (Konserve)**
- 3 EL **Salatcreme, bis 10 % Fett**
- 1/2 TL **Chilisauce (auf Tomatenbasis)**
- 1 TL **Schnittlauchringe**

Avocado richtig schälen

1 Backofen auf 200° C (Gas: Stufe 3, Umluft: 180° C) vorheizen. Kartoffeln waschen, würfeln und mit Öl, Cayennepfeffer, Paprikapulver, Salz und Pfeffer vermischen. Kartoffeln auf einem mit Backpapier ausgelegten Backblech verteilen und im Backofen auf mittlerer Schiene ca. 20 Minuten backen.

2 Für die Salsa Tomate waschen und fein würfeln. Zwiebel schälen, fein würfeln, mit Tomaten, Limettensaft, Salz und Pfeffer verrühren und ziehen lassen. Avocado halbieren, Stein entfernen, Fruchtfleisch aus der Schale lösen und in Spalten schneiden. Salat waschen, trocken schleudern und in Streifen schneiden. Bohnen abspülen und abtropfen lassen.

3 Für den Dip Salatcreme mit Chilisauce, Schnittlauch, Salz und Pfeffer verrühren. Röstkartoffeln, Salat, Avocado, Bohnen und Salsa jeweils separat in einem tiefen Teller anrichten, Dip in die Mitte geben und Bohnen-Avocado-Bowl servieren.

Karotten-Rucola-Salat mit Bunter Bete

Für 4 Personen **Zubereitungszeit 15 Min.** **Garzeit 30 Min.** **Kühlzeit 15 Min.**

2 2 2

154 kcal | 643 kJ

- 400 g **Baby-Karotten**
- 3 TL **Olivenöl**
- 400 g **Rote und Gelbe Bete**
- 100 g **Rucola**
- 2 **Frühlingszwiebeln**
- 6 Stängel **Koriander**
- 1 **unbehandelte Limette**
- 1 EL **Rotweinessig**
- 1 TL **Honig**
- **Salz, Pfeffer**
- 80 g **Schafskäse, 25 % Fett i. Tr.**

1 Backofen auf 200° C (Gas: Stufe 3, Umluft: 180° C) vorheizen. Karotten waschen, längs halbieren und mit 1 TL Öl vermischen. Karotten auf einer Hälfte eines mit Backpapier ausgelegten Backblechs verteilen. Rote und Gelbe Bete schälen, in Stücke schneiden, mit 1 TL Öl vermischen und neben den Karotten aufs Backblech legen. Gemüse im Backofen auf mittlerer Schiene 25–30 Minuten backen.

2 Rucola waschen und trocken schleudern. Frühlingszwiebeln waschen und in Ringe schneiden. Koriander waschen, trocken schütteln und Blätter abzupfen. 1 TL Limettenschale abreiben und Limette auspressen. Für das Dressing restliches Öl mit Essig, Honig, Limettensaft, -schale, Salz und Pfeffer verrühren.

3 Karotten und Bunte Bete mit Dressing vermischen und ca. 15 Minuten abkühlen lassen. Rucola auf 4 Tellern anrichten, Karotten, Bunte Bete, Frühlingszwiebeln und Koriander darauf verteilen und Schafskäse darüberbröseln. Karotten-Rucola-Salat servieren.

Saisonal ausgetauscht

Statt Roter und Gelber Bete kannst du im Sommer z. B. Mairüben oder Fenchel im Ofen rösten und auf den Salat geben.

Gratinierter Spitzkohl mit Schupfnudeln

Für 2 Personen Zubereitungszeit 10 Min. Garzeit 30 Min.

11 11 11

420 kcal | 1756 kJ

- 1 **Spitzkohl**
- **Salz, Pfeffer**
- 2 TL **Halbfettmargarine**
- 1 **Knoblauchzehe**
- 2 TL **Mehl**
- 150 ml **fettarme Milch**
- 150 ml **Gemüsebrühe (1/2 TL Instantpulver)**
- 1 EL **Schmand**
- 1 TL **gehackter Oregano**
- 30 g **geriebener Parmesan**
- 250 g **Schupfnudeln (Fertigprodukt)**
- 1 EL **gehackte Petersilie**

1 Spitzkohl putzen, vierteln und mit Strunk in Salzwasser ca. 10 Minuten vorgaren. Einen Bräter mit 1 TL Margarine fetten. Spitzkohl abgießen, in den Bräter legen und mit Salz und Pfeffer würzen. Backofen auf 200° C (Gas: Stufe 3, Umluft: 180° C) vorheizen.

2 Restliche Margarine in einem Topf auf mittlerer Stufe schmelzen. Knoblauch dazupressen und ca. 1 Minute andünsten. Mehl zufügen, anschwitzen, mit Milch und Brühe ablöschen und aufkochen. Sauce mit Salz und Pfeffer würzen und mit Schmand und Oregano verfeinern.

3 Sauce über den Spitzkohl gießen und mit Parmesan bestreuen. Schupfnudeln um den Spitzkohl herum im Bräter verteilen und im Backofen auf mittlerer Schiene ca. 20 Minuten backen, dabei Schupfnudeln nach der Hälfte der Garzeit wenden. Gratinierten Spitzkohl mit Petersilie bestreuen und mit Schupfnudeln servieren.

Auberginen-Kartoffel-Moussaka mit Schafskäse

Für 4 Personen **Zubereitungszeit 30 Min.** **Garzeit 60 Min.**

5 5 2

252 kcal | 1055 kJ

- 2 **Zwiebeln**
- 1 **rote Chilischote**
- 2 **Auberginen**
- 1 EL **Olivenöl**
- 2 **Knoblauchzehen**
- **Salz, Pfeffer**
- 2 TL **gehackter Oregano**
- 500 g **passierte Tomaten (Konserve)**
- 600 g **festkochende Kartoffeln**
- 2 **Tomaten**
- 100 g **Schafskäse, 25 % Fett i. Tr.**

1 Zwiebeln schälen und würfeln. Chilischote waschen, entkernen und fein hacken. Auberginen waschen und in Scheiben schneiden. Öl in einem Topf auf mittlerer bis hoher Stufe erhitzen und Zwiebeln mit Chili und Auberginen darin ca. 5 Minuten anbraten. Knoblauch dazupressen, ca. 1 Minute mitbraten, mit Salz und Pfeffer würzen und mit 1 TL Oregano verfeinern. Gemüse mit Tomaten ablöschen und ca. 5 Minuten köcheln lassen.

2 Backofen auf 180° C (Gas: Stufe 2, Umluft: 160° C) vorheizen. Kartoffeln schälen und in dünne Scheiben hobeln. Tomaten waschen und in dünne Scheiben schneiden. Kartoffeln, Tomaten und Auberginen samt Sauce abwechselnd in eine Auflaufform (ca. 20 x 30 cm) schichten und im Backofen auf mittlerer Schiene ca. 30 Minuten backen. Schafskäse darüberbröseln und weitere ca. 20 Minuten backen. Auberginen-Kartoffel-Moussaka mit restlichem Oregano bestreut servieren.

Vegane Mac'n'cheese mit Kürbis

Für 4 Personen **Zubereitungszeit 20 Min.** **Garzeit 55 Min.**

10 10 10

436 kcal | 1824 kJ

- 1 **kleiner Butternutkürbis (ca. 1 kg)**
- **Salz, Pfeffer**
- 300 g **trockene kurze Makkaroni**
- 2 EL **vegane Halbfettmargarine**
- 2 **Knoblauchzehen**
- 2 EL **Mehl**
- 450 ml **ungesüßter Mandeldrink**
- 1 TL **Senf**
- 20 g **Hefeflocken**
- 100 g **Pflücksalatmischung (Kühltheke)**
- 2 EL **Zitronensaft**
- 1 EL **Schnittlauchringe**

Kürbis einfach schälen

1 Backofen auf 200° C (Gas: Stufe 3, Umluft: 180° C) vorheizen. Kürbis schälen, halbieren, Kerne mit einem Löffel entfernen und Kürbis in Würfel schneiden. Kürbis in eine Auflaufform (ca. 20 x 30 cm) füllen, mit Salz und Pfeffer würzen und im Backofen auf mittlerer Schiene ca. 35 Minuten backen.

2 Nudeln nach Packungsanweisung in Salzwasser al dente garen und abgießen. Für die Sauce Margarine in einem Topf auf mittlerer Stufe schmelzen. Knoblauch dazupressen und ca. 1 Minute anbraten. Mit Mehl bestäuben und anschwitzen. Mandeldrink unter Rühren angießen und aufkochen. Mit Salz und Pfeffer würzen, Senf einrühren und auf niedriger Stufe ca. 5 Minuten köcheln lassen.

3 Kürbis fein zerstampfen oder pürieren und mit Hefeflocken unter die Sauce rühren. Nudeln dazugeben, verrühren und zurück in die Auflaufform füllen. Nudeln im Backofen auf mittlerer Schiene ca. 20 Minuten backen. Salat waschen, trocken schleudern und mit Zitronensaft beträufeln. Vegane Mac'n'cheese mit Schnittlauch bestreuen und mit Salat servieren.

Scharfe Enchiladas mit Bohnen

Für 4 Personen Zubereitungszeit 20 Min. Garzeit 30 Min.

9 7 7

345 kcal | 1445 kJ

- 2 **grüne Paprika**
- 1 **rote Zwiebel**
- 1 **große rote Chilischote**
- 1 **Knoblauchzehe**
- 1 Dose **schwarze Bohnen (240 g Abtropfgewicht)**
- 1 Dose **Mais (140 g Abtropfgewicht)**
- 400 g **passierte Tomaten (Konserve)**
- 1 TL **Olivenöl**
- **Salz, Pfeffer**
- 1 Prise **Cayennepfeffer**
- 1 Prise **Zucker**
- 4 **kleine Mais-Tortillawraps**
- 4 EL **saure Sahne**
- 1/2 TL **Kräutersalz**
- 1/2 TL **geräuchertes Paprikapulver**
- 60 g **geriebener Mozzarella, 45 % Fett i. Tr.**
- 2 EL **gehackter Koriander**

1 Paprika waschen, entkernen und in Streifen schneiden. Zwiebel schälen und in Streifen schneiden. Chilischote waschen und in feine Ringe schneiden. Knoblauch pressen. Bohnen abspülen und mit Mais abtropfen lassen. Paprika mit Zwiebeln, Bohnen, Mais und 100 g Tomaten verrühren.

2 Backofen auf 200° C (Gas: Stufe 3, Umluft: 180° C) vorheizen. Für die Sauce Öl in einem Topf auf mittlerer Stufe erhitzen und Knoblauch mit der Hälfte der Chili darin ca. 2 Minuten anbraten. Mit restlichen Tomaten ablöschen, mit Salz, Pfeffer und Cayennepfeffer würzen, mit Zucker verfeinern und ca. 5 Minuten köcheln lassen. Sauce in einer Auflaufform (ca. 20 x 30 cm) verteilen.

3 Tortillawraps mit saurer Sahne bestreichen, mit Kräutersalz, Pfeffer und Paprikapulver würzen und Gemüse-Bohnen-Mischung darauf verteilen. Wraps aufrollen, in die Auflaufform legen, mit Mozzarella bestreuen und im Backofen auf mittlerer Schiene 20–25 Minuten backen. Enchiladas mit restlichen Chiliringen und Koriander bestreut servieren.

Quinoa-Auberginen-Salat mit Granatapfel

Für 4 Personen Zubereitungszeit 15 Min. Garzeit 45 Min. Kühlzeit 10 Min.

6 6 3

227 kcal | 951 kJ

2	**Auberginen**
	Salz, Pfeffer
1 EL	**Olivenöl**
2 EL	**Agavendicksaft**
1 1/2 EL	**Harissapaste**
2 TL	**Tomatenmark**
1 EL	**Sojasauce**
120 g	**trockene bunte Quinoa**
50 g	**Brunnenkresse (alternativ Feldsalat)**
3	**Frühlingszwiebeln**
80 g	**Granatapfelkerne**
2 EL	**gehackter Koriander**

1 Backofen auf 200° C (Gas: Stufe 3, Umluft: 180° C) vorheizen. Auberginen waschen, in 2 cm große Stücke schneiden, mit Salz und Pfeffer würzen und mit Öl vermischen. Auberginen auf einem mit Backpapier ausgelegten Backblech verteilen und im Backofen auf mittlerer Schiene 25–30 Minuten backen.

2 Agavendicksaft mit Harissapaste, Tomatenmark und Sojasauce verrühren, Auberginen damit bestreichen und weitere 10–15 Minuten backen. Quinoa nach Packungsanweisung in Salzwasser garen und ca. 10 Minuten abkühlen lassen. Brunnenkresse waschen und trocken schleudern. Frühlingszwiebeln waschen und in Ringe schneiden.

3 Quinoa mit Brunnenkresse, Frühlingszwiebeln, Granatapfelkernen und Koriander vermischen und Auberginen darauf anrichten. Quinoa-Auberginen-Salat servieren.

Cremiger Kartoffelauflauf mit Gemüse

Für 4 Personen **Zubereitungszeit 20 Min.** **Garzeit 45 Min.**

10 9 5

379 kcal | 1586 kJ

600 g	**Steckrüben**
400 g	**Karotten**
	Salz, Pfeffer
800 g	**festkochende Kartoffeln**
2 Tüten	**WW Crème fraîche Sauce**
500 ml	**Wasser**
2 EL	**gehackte Petersilie**
1/2 TL	**getrockneter Thymian**
50 g	**saure Sahne**
120 g	**Erbsen (TK)**
100 g	**geriebener Käse, 30 % Fett i. Tr.**

1 Backofen auf 200° C (Gas: Stufe 3, Umluft: 180° C) vorheizen. Steckrüben schälen und in kleine Würfel schneiden. Karotten schälen und in Scheiben schneiden. Steckrüben mit Karotten in Salzwasser ca. 10 Minuten vorgaren. Kartoffeln schälen und in dünne Scheiben hobeln.

2 WW Crème fraîche Sauce mit Wasser anrühren, in einen Topf geben, aufkochen, mit Salz und Pfeffer abschmecken und mit Petersilie, Thymian und saurer Sahne verfeinern. Steckrüben, Karotten, gefrorene Erbsen und Kartoffeln in eine runde Auflaufform (Ø ca. 25 cm) füllen, Sauce darüber gießen und mit Käse bestreuen. Kartoffelauflauf im Backofen auf mittlerer Schiene ca. 35 Minuten garen und servieren.

Saisonal ausgetauscht

Variiere dein Gemüse je nach Saison – statt Steckrüben kannst du auch Kohlrabi, Broccoli oder Blumenkohl verwenden.

Cremig und leicht

Die WW Crème fraîche Sauce ist der perfekte Begleiter für Pasta, Fisch, Fleisch, Kartoffeln oder Gemüse. Erhältlich im WW Studio und auf wwshop.de.

Blätterteigstrudel mit buntem Salat

Für 6 Personen **Zubereitungszeit 30 Min.** **Garzeit 30 Min.**

9 6 6

295 kcal | 1236 kJ

1	**Zwiebel**
1	**Knoblauchzehe**
1 Stange	**Lauch**
300 g	**Mangold**
1 TL	**Olivenöl**
	Salz, Pfeffer
3 EL	**saure Sahne**
1 Packung	**fettreduzierter Blätterteig (Kühltheke, 275 g)**
40 g	**geriebener Käse, 30 % Fett i. Tr.**
1 EL	**Wasser**
3	**Eier (Größe M)**
150 g	**Pflücksalatmischung (Kühltheke)**
1/2	**Salatgurke**
250 g	**bunte Cocktailtomaten**
1 Dose	**Mais (140 g Abtropfgewicht)**
150 g	**Magermilchjoghurt**
1 TL	**Zitronensaft**
1 TL	**Senf**
1 TL	**Honig**
1 EL	**Schnittlauchringe**

1 Backofen auf 200° C (Gas: Stufe 3, Umluft: 180° C) vorheizen. Zwiebel schälen und mit Knoblauch fein würfeln. Lauch waschen und in Ringe schneiden. Mangold waschen, trocken schleudern und weiße Stiele von den Blättern schneiden. Blätter in breite und Stiele in feine Streifen schneiden. Öl in einer Pfanne auf mittlerer Stufe erhitzen, Zwiebeln mit Knoblauch, Mangold und Lauch darin 3–5 Minuten anbraten und mit Salz und Pfeffer würzen. Masse mit saurer Sahne vermischen.

2 Blätterteig entrollen, auf ein mit Backpapier ausgelegtes Backblech legen und Gemüsemasse längs auf einer Hälfte verteilen. Käse darüberstreuen, Blätterteig von der langen Seite her aufrollen, dabei die Ränder einschlagen und mit Wasser bestreichen. Blätterteigstrudel im Backofen auf mittlerer Schiene ca. 25 Minuten backen.

3 Eier in kochendem Salzwasser 8–10 Minuten hart kochen, abschrecken, pellen und vierteln. Salat waschen und trocken schleudern. Gurke waschen und würfeln. Tomaten waschen und halbieren. Mais abgießen. Für das Dressing Joghurt mit Zitronensaft, Senf, Honig, Salz und Pfeffer verrühren und mit Salat, Gurken, Tomaten und Mais vermischen. Eier auf dem Salat anrichten und mit Schnittlauch bestreuen. Blätterteigstrudel in 6 Stücke schneiden und mit Salat servieren.

Muschelnudeln mit Spinat-Artischocken-Füllung

Für 4 Personen   Zubereitungszeit 20 Min.   Garzeit 30 Min.

10 8 8

400 kcal | 1675 kJ

- 240 g **trockene große Muschelnudeln (Conchiglioni)**
- **Salz, grober Pfeffer**
- 200 g **Baby-Blattspinat**
- 1 Dose **Artischockenherzen in Lake (240 g Abtropfgewicht)**
- 1 Dose **Cannellini-Bohnen (255 g Abtropfgewicht)**
- 1 TL **Olivenöl**
- 3 **Knoblauchzehen**
- 1 EL **Zitronensaft**
- 60 g **geriebener Mozzarella, 45 % Fett i. Tr.**
- 400 g **passierte Tomaten (Konserve)**
- 1 TL **getrocknete italienische Kräuter**

1 Backofen auf 200° C (Gas: Stufe 3, Umluft: 180° C) vorheizen. Nudeln nach Packungsanweisung in Salzwasser garen und abgießen. Spinat waschen und trocken schleudern. Artischockenherzen abgießen und hacken. Bohnen abgießen und abtropfen lassen.

2 Öl in einer großen Pfanne auf mittlerer Stufe erhitzen, Knoblauch dazupressen und ca. 1 Minute anbraten. Spinat dazugeben und zusammenfallen lassen. Bohnen mit Zitronensaft pürieren und mit 30 g Mozzarella unter die Spinatmischung rühren. Artischocken zufügen, mit Salz und Pfeffer würzen und ca. 2 Minuten mitgaren.

3 Tomaten mit Salz, Pfeffer und Kräutern verrühren und in eine ovale Auflaufform (ca. 20 x 30 cm) füllen. Muschelnudeln mit Spinatmischung füllen, auf die Sauce setzen und mit restlichem Mozzarella bestreuen. Muschelnudeln im Backofen auf mittlerer Schiene ca. 20 Minuten backen. Backofengrill auf höchste Stufe stellen und ca. 2 Minuten gratinieren. Muschelnudeln mit Pfeffer würzen und servieren.

Spargelflammkuchen

7 7 7

Für 4 Stücke **Zubereitungszeit 15 Min.** **Garzeit 20 Min.** 250 kcal | 1046 kJ

1 Backofen auf 220° C (Gas: Stufe 4, Umluft: 200° C) vorheizen. **200 g grünen Spargel** waschen, längs halbieren und in **Salzwasser** ca. 2 Minuten blanchieren. **1 Packung Flammkuchenteig (Frischprodukt, 260 g)** entrollen, auf ein Backblech legen, mit **3 EL Crème légère** bestreichen und mit **Salz** und **Pfeffer** würzen. **1 EL Schnittlauchringe** und Spargel daraufgeben, mit **40 g geriebenem Parmesan** bestreuen und im Backofen auf mittlerer Schiene ca. 15 Minuten backen. **4 Radieschen** waschen und in Scheiben schneiden. **2 Frühlingszwiebeln** waschen, in Ringe schneiden und mit Radieschen und **1 EL Schnittlauchringen** auf dem Flammkuchen verteilen. Spargelflammkuchen servieren.

Tomatenflammkuchen

7 7 7

Für 4 Stücke **Zubereitungszeit 15 Min.** **Garzeit 15 Min.** 260 kcal | 1090 kJ

1 Backofen auf 220° C (Gas: Stufe 4, Umluft: 200° C) vorheizen. **1 kleine Aubergine** mit **2 Tomaten** waschen und in Scheiben schneiden. **6 Stängel Basilikum** waschen und hacken. **1 Packung Flammkuchenteig (Frischprodukt, 260 g)** entrollen, auf ein Backblech legen, mit **2 EL Crème légère** bestreichen und mit **Salz** und **Pfeffer** würzen. **1 EL Basilikum** und Gemüse daraufgeben, mit **60 g geriebenem Mozzarella, 45 % Fett i. Tr.** bestreuen und im Backofen auf mittlerer Schiene ca. 15 Minuten backen. Tomatenflammkuchen mit restlichem Basilikum bestreuen und servieren.

Kürbis-Pilz-Flammkuchen

7 7 7

Für 4 Stücke **Zubereitungszeit 15 Min.** **Garzeit 15 Min.** 254 kcal | 1063 kJ

1 Backofen auf 220° C (Gas: Stufe 4, Umluft: 200° C) vorheizen. **150 g Hokkaidokürbis** waschen und in dünne Spalten schneiden. **150 g gemischte Pilze** trocken abreiben und in Scheiben schneiden. **1 Packung Flammkuchenteig (Frischprodukt, 260 g)** entrollen, auf ein Backblech legen, mit **3 EL Crème légère** bestreichen und mit **Salz** und **Pfeffer** würzen. **2 TL gehackten Thymian** und Gemüse daraufgeben, mit **60 g geriebenem Käse, 30 % Fett i. Tr.** bestreuen und im Backofen auf mittlerer Schiene ca. 15 Minuten backen. Kürbis-Pilz-Flammkuchen mit **1 Msp. Chiliflocken** bestreuen und servieren.

Bratapfelflammkuchen

8 8 8

Für 4 Stücke **Zubereitungszeit 10 Min.** **Garzeit 15 Min.** 266 kcal | 1114 kJ

1 Backofen auf 220° C (Gas: Stufe 4, Umluft: 200° C) vorheizen. **1 großen süßlichen Apfel (z. B. Gala)** waschen und in dünne Spalten schneiden. **1 Packung Flammkuchenteig (Frischprodukt, 260 g)** entrollen, auf ein Backblech legen, mit **3 EL Crème légère** bestreichen und mit **1/2 TL Zimt** bestreuen. Apfel, **1 EL Rosinen** und **2 EL Mandelblättchen** daraufgeben, mit **1 Päckchen Vanillezucker** bestreuen und im Backofen auf mittlerer Schiene ca. 15 Minuten backen. Bratapfelflammkuchen mit **1/2 TL Zimt** bestreuen und servieren.

Saisonale Varianten

Register nach Plan

Register nach Zutaten und Stichworten

Nüsse, Kerne & Sesam

Obst

Pilze

Salate & Bowls

Suppen & Curries

Vegan

Wraps, Pizza & Co.

*Die Teilnehmerin hat mit dem Vorgängerprogramm abgenommen und hält ihr Gewicht mit *meinWW+*.

Impressum

Herausgeber & Redaktion
WW (Deutschland) GmbH
Claudia Braun, Amelie Epping, Ewa Tacke,
Claudia Thienel

Rezepte & Realisierung
Geschmackswerk UG
Nathalie Döscher, Silke Höpker

Fotografie & Styling
Hubertus Schüler, WW International

Foodstyling
Stefan Mungenast, WW International

Bildnachweise
WW International, Getty Images S. 8-9

Gestaltungskonzept & Grafik
Niehaus Knüwer and friends GmbH Werbeagentur
Geschmackswerk UG, Petra Penker

Druck
paffrath print & medien GmbH

WW (Deutschland) GmbH
ww.com
ww-gesundekueche.de
Info-Hotline 0211-3805 3813
ISBN 978-3-9821292-6-6

1. Auflage 2021

Hier Saisonkalender heraustrennen